BIBLIOTHÈQUE UTILE.

MÉTHODE FACILE

DE

TENUE DE LIVRES

OU TRAITÉ SIMPLIFIÉ

DE

COMPTABILITÉ COMMERCIALE

Contenant des exercices sur les Factures, les Lettres de Voitures, les Connaissements, etc., etc., et un Livre de Comptes courants qui permet de supprimer le Grand-Livre et d'abréger de beaucoup les Écritures ; à l'usage des commerçants, des industriels et des écoles primaires.

PAR CHARLES DOLIVET,

Instituteur du degré supérieur et Directeur du Journal le CULTIVATEUR (Charente-Inférieure).

TROISIÈME ÉDITION

Augmentée d'une Comptabilité Agricole pour les propriétaires et les cultivateurs.

Prix : 1 fr. 50.

SAINTES

CHEZ FONTANIER, LIBRAIRE DE LA BIBLIOTHÈQUE UTILE.

1859.

ARCHEVÊCHÉ DE LYON.

que je recommande au clergé et aux fidèles du diocèse de Lyon M. Emile Richard, repré-
é de Saint-Victor pour la propagation des bons livres.
commence à prendre un grand développement, a déjà l'assentiment de plusieurs évêques
minence le cardinal-archevêque de Lyon en reconnaît l'immense utilité. Il verra donc
qu'on fera dans l'intérêt de cette œuvre.

De Serres, *chanoine vicaire-général.*

décembre 1853.

ÉVÊCHÉ DE POITIERS.

est plus importante à nos yeux et ne mérite plus d'encouragements que celles qui ont
osition et la propagation des livres orthodoxes. A ce titre, la Société de Saint-Victor doit
ent signalée à tous ceux qui s'intéressent au bien de la religion et à la régénération de la
s la recommandons vivement à nos diocésains, et nous faisons des vœux pour qu'ils con-
pouvoir au développement de cette entreprise, qui a déjà rendu d'importants services.
en particulier l'heureuse idée qu'ont eue les directeurs de cette Société de publier un
, et nous désirons que ce Recueil soit admis dans les familles chrétiennes, de préférence
ublications de ce genre où la foi et la piété ne trouvent rien à gagner et ont trop souvent

† L.-F., *Evêque de Poitiers.*

le 3 janvier 1854.

ÉVÊCHÉ DE STRASBOURG.

nt-Victor ayant bien mérité de la Religion Catholique par la propagation des bons livres,
ublication si heureusement conçue du *Magasin Catholique*, nous ne pouvons que recom-
sains une œuvre si utile et si riche en bons résultats, et faire des vœux pour qu'ils contri-
cela leur est possible, à son développement, comme aussi que ces ouvrages, si précieux
foi, soient admis dans les familles chrétiennes.

† André, *Evêque de Strasbourg.*

rg, 17 janvier 1854.

ÉVÊCHÉ DE MONTPELLIER.

ciété de Saint-Victor nous est aujourd'hui trop connue pour que nous hésitions à la re-
enveillance toute particulière de nos diocésains.
s publications celle du *Magasin Catholique*, l'œuvre de Saint-Victor nous paraît avoir ac-
u à la reconnaissance des familles chrétiennes. Nous ne savons pas de lecture plus édi-
et plus sûre pour la foi que celle de ce recueil, qui manquait à la littérature religieuse

† Charles, *Evêque de Montpellier.*

ier, 9 mai 1854.

ÉVÊCHÉ DE CHALONS.

Extrait d'une lettre de S. G. au directeur de la Société de Saint-Victor.

nsieur, ce que vous avez si bien commencé. Peu à peu les difficultés s'applaniront; Dieu
l, et nous en retirerons des fruits abondants pour la gloire de son saint nom.
us prie, Monsieur, l'assurance de tout mon intérêt et de ma parfaite considération.
e dévoué et affectionné,

» † M.-J., *Evêque de Chalons.* »

20 juin 1854.

ÉVÊCHÉ DU PUY.

déluge de productions mauvaises qu'ont enfantées ces dernières années et qu'on a répan-
profusion dans notre malheureuse patrie, il est aussi beau que consolant de voir des âmes
pour lutter contre le génie du mal, et tenter non-seulement d'opposer une digue au torrent
encore de ramener les esprits en dissipant les erreurs, hélas ! si tristement accréditées,
nir, sous toutes les formes, la vérité dans les diverses classes de la société.
prennent chaudement en main la défense de tous les bons principes, nous aimons à si-
s de l'Association de Saint-Victor. Nous nous sommes fait rendre compte de leurs statuts
ons ; nous avons parcouru la liste de leurs ouvrages. Nous ne pouvons qu'applaudir à leurs
der vivement leur œuvre à tous les fidèles de notre diocèse, en particulier aux maisons
ng-temps les gens de bien se sont endormis ; l'heure du réveil est venue : depuis quand,
Âmes seraient-ils moins actifs que la cupidité et tous

MÉTHODE FACILE

DE

TENUE DES LIVRES.

(C.)

SAINTES, TYPOGRAPHIE DE J. POUPARD.

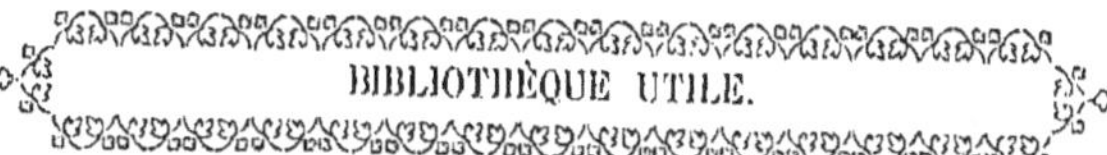

MÉTHODE FACILE

DE

TENUE DE LIVRES

OU TRAITÉ SIMPLIFIÉ

DE

COMPTABILITÉ COMMERCIALE

Contenant des exercices sur les Factures, les Lettres de Voitures, les Connaissements, etc., etc., et un Livre de Comptes courants qui permet de supprimer le Grand-Livre et d'abréger de beaucoup les Écritures, à l'usage des commerçants, des industriels et des écoles primaires.

PAR CHARLES DOLIVET,

Instituteur du degré supérieur et directeur du journal le *Cultivateur* (Char.-Inf.)

TROISIÈME ÉDITION

Augmentée d'une Comptabilité Agricole pour les propriétaires et les cultivateurs.

SAINTES

CHEZ FONTANIER, LIBRAIRE-ÉDITEUR.

—

1859.

AVERTISSEMENT.

En publiant cette petite Tenue de Livres, nous n'avons pas la prétention d'offrir aux personnes qui chaque jour ont besoin de se rendre compte de leurs affaires commerciales, un cours complet de Tenue de Livres, et nous déclarons que nous sommes d'accord avec les meilleurs auteurs en cette matière, qui veulent ne voir étudier que la Tenue des Livres en partie double, et non celle dite en partie simple; mais il faut pourtant l'avouer, quels sont les petits commerçants, les industriels, et même beaucoup de personnes, faisant d'assez grandes affaires, qui tiennent leurs livres en partie double? Ne craignons pas de le dire et de le répéter, sur cent des personnes dont nous parlons, quatre-vingt-dix tiennent leurs livres en partie simple. Ajoutons que dans un grand nombre d'écoles primaires, on n'enseigne jamais rien en Tenue de Livres, et nous pourrons en conclure que presque partout, on ignore les plus simples éléments sur le tracé des livres et la manière de les tenir.

C'est donc pour répandre l'étude et le goût de la Tenue des Livres dans les écoles primaires que nous avons cru devoir publier ce cours qui est un abrégé de celui en partie double que nous faisons suivre depuis longtemps dans nos classes.

MM. les Instituteurs qui voudront introduire dans leur enseignement cette branche d'études si utile, pourront promptement se mettre à même de l'appliquer, en étudiant notre abrégé dont le prix modique permet à tous de le mettre entre les mains des écoliers et de former une bonne division d'élèves qui, tout en mettant en application notre Méthode, acquerront des connaissances indispensables à tous et ne manqueront pas de se perfectionner dans l'art d'une belle écriture, *si l'on exige que les devoirs soient toujours bien écrits.*

Notre Tenue de Livres se divise en trois parties principales.

La première comprend les factures.

La deuxième, les lettres de voiture et les connaissements.

La troisième, la manière de tenir un brouillard, un journal et un grand-livre.

Enfin, pour éviter de nombreuses écritures, nous donnons le modèle de la tenue d'un livre où le débit et le crédit de chaque vente se trouvent à la même page, ce qui offre toutes les facilités possibles pour balancer et solder toutes espèces de comptes.

Nous ajoutons encore des modèles de livres auxiliaires, des modèles d'inventaires, de répertoires, des effets de commerce et des lettres de correspondance commerciale.

Nous le répétons, en analysant tous nos articles, en faisant suivre à une division des meilleurs élèves d'une classe nos exercices et ceux qu'il plaira à chaque maître de préparer suivant les besoins de sa localité, dans peu de temps, dans les écoles primaires, on pourra apprendre à un grand nombre d'élèves la tenue des livres, et répandre bientôt les moyens de tenir partout les affaires commerciales en bon ordre. *C'est là notre espoir,* puissions-nous avoir rempli notre but.

2me ÉDITION.

L'espoir que nous avions en publiant notre première édition n'a pas été trompé, puisque tous les industriels commerçants qui entendent parler de ce petit ouvrage, s'empressent d'en faire l'acquisition.

MM. les Instituteurs qui jusqu'à présent n'avaient point fait un cours de comptabilité commerciale, se félicitent aujourd'hui d'avoir écouté nos conseils et nous sommes certain que cet exemple sera suivi partout.

3me ÉDITION.

La deuxième édition de notre Tenue de Livres s'est épuisée avec rapidité, nous espérons qu'il en sera de même de la troisième parce que nous ajoutons à cette dernière la comptabilité agricole, comptabilité qui n'a point été enseignée que dans très peu d'écoles et dont les précieux avantages pour les cultivateurs sont incontestables.

Les cultivateurs qui consulteront notre travail en seront bientôt convaincus, et pas un instituteur ne voudra se dispenser de cet enseignement dans ses classes.

DOLIVET,

instituteur du degré supérieur et directeur du journal
le Cultivateur.

PREMIÈRE PARTIE

RÉDACTION

DES ÉCRITS CONSTATANT LES VENTES
FAITES PAR UN COMMERÇANT.

Toutes les fois qu'un marchand vend des marchandises à une personne, il lui remet une note détaillée qui s'appelle *Facture*.

Nous R. et Cie (*), ayant vendu à MM. Javel, frères, de Rouen, les marchandises suivantes, nous leur remettons *facture*.

(*) R. et Cie désigne ici le nom du commerçant dont nous sommes sensés tenir les livres. Ce nom que nous avons pris s'appelle dans le commerce RAISON SOCIALE.

1*

MODÈLE DE FACTURE :

R. ET Cie NÉGOCIANTS A BORDEAUX,

RUE SAINT-JACQUES, 24.

Paris, 6 janvier 18. . .

18...		*Vendu et livré à* MM. JAVEL, *frères,* *par* R. ET Cie.		
Décembre	26	Cinq tierçons, sucre Martinique :		
		No 1 160 kilog.		
CMV.		2 210		
		3 260		
		4 310		
		5 360		
		Brut kilog. . . 1300		
		Tare 8 kil. 0/0 104		
		Net kilog... 1196 à 156 fr. les 0/0 1865,76		
		Escompté à 5 0/0. . . . 93,28		
		Valeur payable à trois mois. 1772	48
		Pour acquit,		
		R. ET Cie.		

Analyse de cette facture.

Le mot VENDU indique l'opération, le mot LIVRÉ fait connaître que R. ET Cie ont remis les marchandises.

La date du 6 janvier indique le jour que la facture est faite, et le 26 décembre, le jour de la vente.

Les marchandises sont ensuite indiquées par des

numéros d'ordre et la marge porte les lettres CMV, c'est-à-dire des lettres mises sur les tierçons vendus.

Poids brut, *tare*, *poids net*. Le nombre 1300 kilog. *poids brut*, signifie que c'est le poids de la marchandise augmenté du poids de l'enveloppe qu'on appelle *tare*, et qu'on retranche en multipliant le poids total par 8 kilog. et en séparant deux chiffres, parce que la tare est 8 kilog. par 100 kilog. (1) (par 100 s'indique : p. 0/0). Le reste 1196 kilog. est le poids réelle de la marchandise, c'est pourquoi on l'appelle *poids net*.

En multipliant 1196 kilog. par 156 fr. on obtient 1865 fr. 76 c. qui est le prix de la marchandise vendue.

Mais comme il y a 5 fr. p. 0/0 d'escompte, il faut encore multiplier 1865 fr. 76 c. par 5, et séparer quatre chiffres pour avoir l'escompte.

Cette valeur de 93 fr. 28 c., retranchée de 1865 fr. 76 c., donne pour reste 1772 fr. 48 c., qui est ce que Javel frères doivent définitivement.

Valeur payable à trois mois, indique l'époque du paiement de la facture.

(1) Tous les traités d'arithmétique indiquent la manière de faire ces calculs.

Pour acquit, R. et Cie, signifient que la facture a été payée.

Nota. Nous engageons MM. les instituteurs à faire faire des factures à leurs élèves, et pour leur en donner les moyens, nous plaçons comme exercices, quelques ventes que les élèves, après avoir fait les calculs, devront rapporter sous formes de factures. Ces exercices faciliteront les commerçants pour apprendre ce qui suit, c'est pourquoi nous insistons vivement auprès des personnes qui veulent se former promptement à la Tenue des Livres.

Avec les exercices suivants, MM. les instituteurs eux-mêmes pourront facilement en poser d'autres dont nous leur laissons le choix, et qu'ils donneront comme devoirs aux jeunes commençants.

Nous faisons encore la même recommandation pour les articles du brouillard.

13

VENTE FAITE PAR UN MARCHAND DE NOUVEAUTÉS (1).

Le 1er janvier 18.., vendu et livré à M. Barthélemy, de la Rochelle, 1° 12 m. 50 de drap à 8 fr. le mètre; 2° une douzaine de mouchoirs de poche à 14 fr. 70 c. la douzaine; 3° 8 m. 75 de calicot à 2 fr. 75 le mètre; 4° 40 m. 75 de toile à 1 fr. 40 c. le mètre; 5° 13 m. 70 de dentelle à 1 fr. 55 c. le mètre; 6° une douzaine de serviettes à 2 fr. 95 c. pièce.

DEUXIÈME EXERCICE :

MÊME MARCHAND.

Le 3 janvier 18.., fourni et confectionné, les ouvrages suivants pour la famille Chevalier, de Saintes : 1° 3 m. 50 c. casimir gris à côtés, pour

(1) Recommander aux élèves de faire avec attention les titres de ces Factures en imitant le plus possible les différents genres d'écritures enseignées dans les écoles. Même observation pour les Connaissements, les Lettres de voiture, etc.

pantalon, à 7 fr. 50 le m.; 2° 0 m. 75 toile grise pour doublure, à 1 fr. 75 c. le m.; 3° fourniture et façon, 3 fr. 50 c.; 4° 0 m. 75 de drap de soie brochée, fond violet, pour gilet, à 18 fr. le m.; 5° 1 m. 25 toile grise, pour doublure, garniture et façon, 6 fr. 50.

TROISIÈME EXERCICE :

VENTE FAITE PAR UN MAITRE BOTTIER.

Le 7 janvier 18.., fourni et livré à M. et Mme Roy, d'Orléans :

POUR M. ROY.

2 paires de bottes fines, à 18 fr. . .	36 fr.
2 d° souliers à recouvrements, à 9 fr.	18
2 d° escarpins en veau ciré, à 12 fr.	24

POUR Mme ROY.

1 paire de chaussons satin.	7 fr. 50
1 d° escarpins satin.	12 » »
1 d° socques	6 » »

QUATRIÈME EXERCICE :

VENTE FAITE PAR UN MARCHAND TAILLEUR

Le 8 janvier 18.., fourni à M. Bonnet, médecin-vétérinaire, à Pont-Labbé, valeur à trois mois : 1° une redingotte noire, 70 fr.; 2° fourniture et façon, 25 fr.; 3° un pantalon noir, 35 fr.; 4° fourniture et façon, 9 fr.; 5° 2 gilets à 20 fr. chacun; 6° un habit de 80 fr.; 7° façon et fourniture, 20 francs.

CINQUIÈME EXERCICE :

VENTE FAITE PAR UN MARCHAND ÉPICIER.

. Le 24 janvier 18.., vendu à M. Rodet, à Paris, 24, rue Saint-Honoré :

Vingt sacs café Haïti. . . . .
Brut kilog. 2186 . . . .
Tare 3 p. 0/0 . . . .
Net kilog. à 1 fr. 75 le kil. . . . .
20 sacs café Martinique . . . . . .
Brut kilog. 2051 . . . .
Tare 3 p. 0/0 . . . .
Net kilog. à 2 fr. le kil. . . . . .

Pour acquit.

SIXIÈME EXERCICE :

ENTREPRISE DE MENUISERIE.

Entreprise des travaux de menuiserie faits dans la maison et pour le compte de M. Marquet, propriétaire, 36, rue Saint-Louis, à Rochefort.

Savoir :

FAÇADE SUR LE JARDIN.

Rez-de-chaussée.

Fourni 6 portes vitrées, en chêne de 0 m. 034 d'épaisseur, à 2 venteaux avec dormants, jets d'eau et panneaux à taille saillante; hauteur de 1 m. 95, longueur 1 m. 10.

Surface totale..... à 8 fr. 50 le mètre carré.....

1er *étage.*

Fourni 6 croisées en chêne de 0 m. 027 d'épaisseur, à 2 venteaux avec dormants, jets d'eau, etc.; hauteur 1 m. 05, largeur 1 m. 10.

Surface totale..... à 8 fr. le mètre carré.....

2me *étage.*

Fourni 6 croisées en chêne, comme ci-dessus, hauteur 1 m. 60 largeur 1 m. 20.

Surface totale..... à 7 fr. 50 le mètre carré.....

FAÇADE SUR LA COUR.

Rez-de-chaussée.

Fourni 6 portes vitrées en chêne de 0 m. 037 d'épaisseur à 2 venteaux avec doublure à la place des peintures, hauteur 1 m. 75, largeur 1 m. 18.

Surface totale..... à 12 fr. 50 le m. carré.....

1ᵉʳ étage.

Fourni 6 paires de volets en chêne de 0 m. 035 d'épaisseur avec les panneaux à champ et à saillie, hauteur 1 m. 76, largeur 1 m. 20.

Surface totale..... à 8 fr. 50 le mètre carré.....

2ᵐᵉ étage.

Fourni 6 paires de volets en chêne de 0 m. 037 d'épaisseur, ensemble 11 m. carrés 52, à 8 fr. 50 le mètre carré.

Peinture pour le tout 150 fr.

Total . . . . » »

Paris, 6 janvier 18...

Pour acquit :

R. ET Cⁱᵉ,

entrepreneurs, rue ..., nᵒ ...,.

Sous la direction de M. Gros, architecte.

LETTRE DE VOITURE.

Toutes les fois que l'on vend des marchandises à expédier par le roulage, on fait alors ce qu'on appelle une *lettre de voiture.*

La lettre de voiture forme un contrat entre l'expéditeur et le voiturier, ou entre le commissionnaire et le voiturier.

Voici ce que dit la loi :

« La lettre de voiture doit être datée.

» Elle doit exprimer la nature et le poids, ou
» la contenance des objets à transporter ; le délai
» dans lequel le transport doit être effectué.

« Elle indique le nom et le domicile du com-
» missionnaire par l'entremise duquel le transport
» s'opère s'il y en a un.

» Le nom de celui à qui la marchandise est
» adressée ;

» Le nom et le domicile du voiturier ;

» Elle énonce le prix de la voiture ;

» L'indemnité due pour cause de retard ;

» Elle est signée par l'expéditeur et le commis-
» sionnaire ;

» Elle présente en marge les marques et numéros

» des objets à transporter (Code de Commerce,
» liv. 1, titre VI, art. 101 et 102). »

Il faut observer en outre, que la lettre de voiture doit être faite sur papier timbré.

Le 3 mars 18.., nous avons expédié dix sacs et six balles café à Louis aîné, de Saint-Jean d'Angély. Nous avons traité directement avec le voiturier Pierre Bouquet, de Saintes, nous sommes convenus du prix à raison de 10 fr. 50 c. les 100 kilog., et seize jours de délai.

Voici la lettre de voiture :

Voiture.. 93 76
Timbre.. 0 60
————
Total.. 94 36

542
RT
à   } 593k 10 S
V 549
SV

1020
à   } 300 4/B
1023
————
Kil. 893 14^{col}

M. Louis aîné,

négociant, à Saint-

Jean d'Angély.

A LA GARDE DE DIEU, et sous la conduite de Pierre Bouquet, voiturier à Saintes, vous recevrez dans le délai de seize jours, sous peine au voiturier de perdre le tiers de sa voiture :

Dix sacs café Martinique.

Quatre balles, avec nattes, café vert d'Haïti.

Le tout marqué et numéroté comme en marge, pesant ensemble huit cent quatre-vingt-treize kil.

Ce qu'ayant reçu bien et dûment conditionné devant la porte de mon magasin, vous en paierez la voiture à raison de dix francs cinquante centimes les cent kilogrammes, et rembourserez soixante centimes pour timbre de la présente.

NOTA. — Seront nulles toutes surcharges ou ratures non approuvées par le signataire.

Saintes, le 3 mars 18...

R. ET Cie.

CONNAISSEMENT.

Si des marchandises vendues devaient être expédiées par eau, on ferait alors ce qu'on appelle un connaissement.

Le capitaine Loyer, commandant le navire le *Coureur*, du port de quatre cents tonneaux, à présent devant Bordeaux, est chargé de transporter sur son navire 40 tierçons eau-de-vie de Cognac, contenant chacun 524 litres, vendus à Mounier, de Nantes, où il doit les débarquer. Le prix du fret à 35 fr. 75 c. par neuf hectolitres. Marque : Eau-de-vie de Cognac, etc., R. ET Cⁱᵉ, PMR.

CONNAISSEMENT.

Je soussigné, maître après Dieu, du navire le *Coureur*, du port de quatre cents tonneaux, à présent devant Bordeaux, pour du premier temps convenable, suivre mon voyage sous la garde de Dieu, jusqu'au devant de la ville de Nantes, confesse avoir reçu dans mon dit navire et sous le franc tillac d'icelui, de vous MM. R. et Cⁱᵉ, quarante tierçons eau-de-vie de Cognac, jaugeant ensemble deux cent neuf hectolitres soixante litres.

Le tout plein, bien conditionné et marqué PMR,

que je promets de livrer en même forme, sauf les périls et fortunes de mer et le coulage ordinaire, à M. Meunier, de Nantes, ou à son ordre, en me payant pour mon fret la somme de trente-cinq francs soixante-quinze centimes par tonneau de neuf hectolitres, et pour l'accomplissement de ce que dessus, j'ai obligé et oblige, par cette, ma personne, mes biens et mon dit navire, avec les dépendances d'icelui, en foi de quoi j'ai signé quatre connaissements d'une même teneur, l'un d'iceux accompli, demeurent les autres d'une nulle valeur.

Fait à Bordeaux, le

LOYER, capitaine.
R. ET Cie.

EXERCICES SUR LES LETTRES DE VOITURES ET CONNAISSEMENTS.

1er *exercice* :

Nous, R. et Cie, commissionnaires en liquides pour la maison Jules, de Saintes, expédions le 30 janvier 18.., à MM. Cousin et Cie, négociants à Charente, par Jacques, voiturier, les marchandises suivantes, moyennant 20 francs par tierçon et dans le délai de quatre jours, sous peine au voiturier de perdre le tiers de sa voiture :

    10 tierçons eau-de-vie à 440 fr. chacun.
    19 tierçons vin de Bordeaux à 350 fr. chacun.
    10 tierçons vin de Bergerac à 200 fr. chacun.
    10 tierçons vin de Bergerac à 150 fr. chacun.

Frais.

Rebattage des pièces	40 fr. 00 c.
Chargement, etc.	50 00
Commission 1/2 p. 0/0.	
Timbre des traites	2 45

Marque :
1, 2, 3, 4 — CMV — et R. et Cie.

2me *exemple :*

Nous, R. et Cie, expédions le 30 janvier 18.., par le capitaine Armand, commandant le navire la *Zoé*, du port de quatre cents tonneaux, à présent devant Bordeaux, et pour le compte de MM. François et Cie, à Bayonne, les marchandises suivantes, et moyennant la somme de vingt fr. par barrique.

    Les numéros sont 1 jusqu'à 20.
    La marque KLM — et R. et Cie.

Vingt barriques d'huile d'olives,
pesant brut . . . . 6861 kilog.
Tare 1/10 du poids. . . . .
Net . . . .
Valeur à trois mois avec escompte de 5 p. 0/0.

Frais.

Rebattage de pièces et chargement. 100 fr. 00 c.
Commission 1 1/2 p. 0/0.
Timbre des traites 2 45

TENUE DES LIVRES

PARTIE SIMPLE.

La tenue des livres en partie simple est l'art de tenir les comptes d'un commerçant, afin de lui faire connaître ce qu'il doit à chacun, et ce que chacun lui doit.

Pour ces écritures on fait usage de trois livres principaux. Ces livres sont : le *brouillard*, le *journal*, le *grand-livre*.

DU BROUILLARD.

Le brouillard ou main-courante, sert de base au journal, on y inscrit, jour par jour, à mesure qu'elles ont lieu, toutes les opérations de son commerce.

2

DU JOURNAL (1).

Le journal n'a pour objet que de donner le détail des affaires à terme; du reste, il est la copie au net du brouillard.

DISPOSITIONS DU JOURNAL.

Chaque folio doit porter un numéro d'ordre. Tous les articles du journal doivent être distincts et séparés, on tire au-dessus de chacun, deux lignes d'égale longueur, entre lesquelles on place la date. Si la date de l'article que l'on écrit est la même que celle de l'article qui le précède sur la même page, on met à sa place le mot dito, et plus brièvement d°.

On commence cet article par cette formule écrite en gros :

DOIT TEL..... *Toutes les fois que l'on vend ou que l'on paie un achat qu'on aurait fait.*

AVOIR TEL...... *Toutes les fois qu'on achète ou que l'on est payé d'une vente qu'on aurait faite.*

A la suite on écrit fr.... et à la ligne on met la raison ou le détail de l'opération, et à l'extrémité

(1) Voir le Code de Commerce, livre 1, titre II. — Art. 8, etc.

de la ligne, on sort dans une colonne à ce destiné, la somme qu'on a énoncée en commençant l'article.

Si l'on faisait une vente ou un achat au comptant, on se bornerait à en prendre note sur des livres qu'on appelle *livres auxiliaires*.

On note les ventes et les achats au comptant sur le *livre de caisse*.

Si l'on fait une vente contre un billet, on peut se borner à noter ce billet au livre d'effets à recevoir.

Si l'on fait des échanges de marchandises, on en prend note seulement au livre de magasin.

Les sommes partielles dont se compose le total, s'écrivent en avant des deux dernières colonnes.

Telles sont à peu près les seules considérations générales que nous avons cru devoir donner sur la manière de tracer les livres; ce que nous ajouterions, le lecteur le découvrira lui-même dans les écritures simulées dont nous recommandons l'analyse.

GRAND-LIVRE.

Le grand-livre est le relevé du journal. Il est le tableau des valeurs réciproquement reçues et données entre le vendeur et l'acheteur, et il a pour objet de faire connaître le compte courant d'un commerçant, avec chacun des individus qui font commerce avec lui.

DISPOSITION DU GRAND-LIVRE.

Au grand-livre chaque compte est divisé par *débit* et *crédit*.

On y porte au débit toutes les valeurs que reçoit la personne que ce débit concerne; au crédit toutes celles qu'il fournit. Il suit de là que le marchand pour connaître sa situation à l'égard de chacune des personnes avec lesquelles il est en rapport d'affaires, n'a qu'à ouvrir leur compte. En comparant le total des sommes de celles du crédit, il saura ce qu'il doit ou ce qui lui est dû.

Tous les folios du grand-livre ne croissent d'une unité que de deux pages en deux pages.

Chaque compte doit s'étendre, comme nous venons de le dire, sur deux pages en regard. En tête de ces pages, il faut écrire en grosses lettres, le mot *doit*, à l'extrémité de la page droite, le mot *avoir*, et entre ces mots, le nom de la personne que le compte concerne. Au-dessous de ce titre, on établit le compte courant, en disposant brièvement l'explication de chaque affaire.

Chaque page du grand-livre est divisée en six colonnes.

Dans la première à gauche on écrit le mois.

Dans la deuxième la date du mois.

Dans la troisième le compte débiteur ou créditeur du compte auquel on rapporte l'article du journal.

Dans la quatrième le numéro de l'article du journal.

Dans la cinquième et sixième les francs et les centimes montant du compte.

Lorsqu'un compte est passé du journal au grand-livre, on porte en face de l'article du journal, le numéro du folio du grand-livre. Nous engageons les élèves à ne jamais l'oublier pour éviter des erreurs dans le cas de double transposition.

DU RÉPERTOIRE DU GRAND-LIVRE.

Le répertoire est un livre sur lequel on classe par ordre alphabétique, tous les noms des comptes du grand-livre, suivis du folio où ils s'y trouvent.

Ce livre a une double utilité quand on joint au nom de chaque personne sa profession et son adresse.

ANALYSE DES COMPTES PORTÉS SUR LES LIVRES.

Nous engageons les personnes à qui la tenue des livres est tout-à-fait étrangère, de relire l'analyse des articles ci-après, et les maîtres d'exercer souvent les élèves à la faire sur la tenue des livres, ou en leur dictant des exercices à peu près semblables à ceux de nos livres.

Nous supposons d'abord que les élèves d'une même division commencent ensemble la tenue des livres. Après avoir fait comprendre la manière dont on trace les livres, on doit leur expliquer ce qu'on entend par *actif* et par *passif*.

On appelle *actif*, tout ce que possède le commerçant, c'est toute sa fortune.

Ainsi l'*actif* comprend tout l'argent ou capital que le commerçant a en espèces, tous ses meubles, ses ustensiles, sa maison, ses propriétés, ses marchandises, ses effets à recevoir, c'est-à-dire tous les billets qu'on lui aurait souscrits, les sommes qui lui sont dues par les débiteurs, c'est-à-dire ceux qui lui doivent des marchandises vendues, etc., etc.

Le *passif*, tout ce que le commerçant doit.

Ainsi le *passif* comprend ce qu'il peut devoir pour ses meubles, ses ustensiles, sa maison, ses propriétés, dans le cas où il n'aurait pas acheté toutes ces choses au comptant, ses billets à payer, c'est-à-dire tous les billets qu'il aurait souscrits, les sommes qu'il doit pour les marchandises qu'il aurait achetées, etc., etc.

BROUILLARD.

1er Art. — Nous commençons notre brouillard avec le n° 1 pour premier numéro d'ordre et pour date le 1er janvier 18... En titre nous mettons *état de notre actif,* avec l'explication de quoi il se compose, et au-dessous *l'état de notre passif,* encore avec l'indication des choses dont il est formé. Nous mettons chaque somme partielle à la suite de l'explication et nous portons dans les deux dernières colonnes à droite le total des sommes partielles. Il en est de même toutes les fois qu'un article se compose de plusieurs sommes; dans le cas contraire, on écrit de suite le montant dans les deux dernières colonnes.

L'*actif* est de . . . . 6500 fr. 74 c.

Le *passif,* de 700 95

2me Art. — Ici faisant une vente à Voisin, du

Hâvre, nous mettons un numéro d'ordre, la date du 1er janvier, ces mots : Vendu à Voisin, etc., et 250 fr. montant de la vente dans la marge.

3me Art. — Même observation que pour l'article précédent.

4me Art. —   *id.*   *id.*

5me Art. —   *id.*   *id.*

6me Art. —   *id.*   *id.*

7me Art. — Achetant à notre tour des marchandises, nous procédons encore par numéro d'ordre et par date, ensuite viennent ces mots : Acheté à M. Sicard, de la Rochelle, etc., et 1000 francs montant de la vente dans la marge.

8me Art. — Même observation que pour l'article sixième.

9me Art. — Même observation que pour l'article septième.

Et de même pour les articles 10me, 11me, 12me, 13me, 14me, 15me, 16me, 17me, 18me, 19me et 20me.

21me Art. — Recevant de l'argent, nous mettons après la date : Reçu de Voisin, du Hâvre, etc., et 250 francs dans la marge, comme montant de la somme due par la vente du 1er janvier.

22me Art. — Même observation que pour l'article précédent.

23me ART. — Même observation que pour l'article précédent.

24me ART. —   id.   id.

25me ART. — Payant une somme, nous mettons après la date : Payé à M. Sicard, de la Rochelle, etc., et 2650 fr. dans la marge, comme montant de ce que nous devions pour les achats faits aux dates des 5, 7 et 14 janvier.

Et de même pour tous les articles suivants.

JOURNAL.

Dans ce livre nous copions textuellement le brouillard, à l'exception qu'au commencement de chaque article nous mettons *doit* ou *avoir* un tel avec le montant de la vente, suivant :

1° Que l'on vend ou que l'on paie un achat qu'on aurait fait;

2° Que l'on achète ou que l'on est payé d'une vente qu'on aurait faite.

Ainsi l'on met n° 2. *Doit* Voisin, du Hâvre, fr. 250, parce qu'on lui vend des marchandises, et n° 7 : *Avoir* M. Sicard, du Hâvre, fr. 1000, parce qu'on lui achète des marchandises.

2*

Il en est de même pour tous les autres articles.

Il faut avoir soin de faire la somme de chaque page avec le mot à reporter, et mettre cette même somme en tête de la page suivante avec le mot report.

GRAND-LIVRE.

Pour porter au grand-livre tous les articles du journal, il suffit de jeter les yeux sur notre modèle, et de se rappeler que toutes les sommes précédées du mot *doit*, se portent à gauche et que celles précédées du mot *avoir* se portent à droite.

En analysant ainsi nos trente-cinq premiers articles (l'actif et le passif exceptés), on voit que tous les comptes sont réglés définitivement. Il n'en est pas de même de ceux qui suivent; car les individus auxquels on a ouvert des comptes, doivent les sommes qui sont à la page gauche, ou il leur est dû celles qui sont à la page droite, et dans le cas où des sommes existeraient à droite et à gauche en même temps, il est aisé de voir que la différence de chacune est due par l'individu ou qu'on la lui doit, suivant le côté qui la fournit ainsi :

A l'article 37 folio 3 du grand-livre M. Achille, de Cognac, doit 1080 fr. parce qu'on lui a vendu des marchandises.

A l'article 38 folio 3 du grand-livre, il est dû à Bertin, de Charente, 1040 francs parce qu'on lui a acheté des marchandises.

A l'article 39 et 41, folio 3 du grand-livre, Mme Tardy, marchande de modes à Paris, doit la différence 100 fr. entre 276 et 176, prix de vente et d'un à-compte reçu pour cette même vente.

A l'article 40 et 42, folio 3 du grand-livre, il est dû à Mme Saunier, modiste, rue Saint-Martin, 24, à Paris, la différence 28 fr. entre 128 et 100, prix d'un achat et d'un à-compte payé pour ce même achat.

Il faut remarquer encore que si le commerçant avait l'habitude de faire un grand nombre d'affaires avec un individu, au lieu de lui ouvrir un compte comme ceux dont nous donnons le modèle, il faudrait lui réserver sur le grand-livre une page entière, et dans le cas où elle viendrait à se remplir, lui ouvrir un nouveau compte plus loin, en ayant soin de terminer la page pleine par ces mots écrits en gros caractères :

Voir tel folio du grand-livre pour la continuation.

Et sur la nouvelle page à recommencer au grand-livre, ceux-ci :

Voir tel folio du grand-livre pour des comptes antérieurs.

DES LIVRES AUXILIAIRES.

Indépendamment des trois livres principaux, on fait usage des livres auxiliaires, dont le nombre et la destination varient suivant l'étendue et la nature des opérations commerciales.

Ces livres sont : le livre de caisse, le carnet d'échéances, le livre de magasin, le livre d'achats, la copie de lettres, etc.

DU LIVRE DE CAISSE.

Le livre de caisse, comme les comptes du grand-livre, est tenu par débit et crédit. Au débit on inscrit toutes les sommes reçues au crédit, toutes celles que l'on paie.

Lorsqu'on veut solder le compte de caisse, on additionne toutes les sommes du débit, et toutes celles du crédit, on prend la différence des deux totaux, et l'excédant du débit sur le crédit, donne exactement la somme qui doit se trouver en caisse.

DU LIVRE DE MAGASIN.

Ce livre a pour but d'enregistrer les marchandises à leur entrée et à leur sortie du magasin.

Sur une page on inscrit les marchandises à leur entrée avec un n° d'ordre et leur désignation exacte, et sur la page en regard, on les inscrit encore à leur sortie.

DU CARNET D'ÉCHÉANCE.

Le carnet d'échéance sert à enregistrer les billets dont on doit recevoir le montant, comme aussi ceux que l'on doit payer.

Chaque billet doit être inscrit au mois de son échéance : on doit y faire connaître sa date, son numéro, le souscripteur, celui au profit du quel il est souscrit, son échéance et la somme.

DE LA BALANCE.

La balance est une opération par laquelle le commerçant reconnaît son actif et son passif.

On distingue la balance du mois et la balance générale des comptes.

DE LA BALANCE DU MOIS.

La balance du mois a pour objet de contrôler les écritures du grand-livre. Chaque état de balance doit être divisé de manière à présenter une colonne pour recevoir les noms de tous les comptes du grand-livre, une petite colonne dans laquelle on inscrit le nom de leur folio, et deux autres colonnes pour le débit et le crédit. Les sommes portées dans ces dernières indiquent la balance de chaque compte, et les totaux avec leur différence indiquent le solde de tous les comptes.

DE LA BALANCE GÉNÉRALE DES COMPTES.

Si l'on réserve chaque addition de la balance du mois jusqu'à la fin de l'année, et qu'on fasse la différence établie chaque mois, on fait alors la balance générale de tous les comptes.

DE L'INVENTAIRE OU BILAN.

Le bilan est le tableau général de l'actif et du passif du marchand. On l'appelle aussi inventaire général.

Les modèles des livres auxiliaires dont nous donnons les copies n'appartiennent pas à notre tenue de livres qui a trop peu d'étendue, mais en les examinant, il sera facile d'en comprendre le tracé, dans le cas où l'on en voudrait faire de semblables.

BROUILLARD

COMMENCÉ LE 1ᵉʳ JANVIER 18...

BROUILLARD

COMMENCÉ LE 1er JANVIER 18...

————

		Du 1er janvier.				

ÉTAT DE MON ACTIF.

En caisse	3000	00	
Meubles et ustensiles . .	1000	00	
Marchandises en magasin.	2500	75	6500	75

ÉTAT DE MON PASSIF.

Billets à payer	500	00	
Divers créanciers . . .	200	95	700	95

2 ——————— du 1er d°

Vendu à Voisin, du Havre, une barrique
d'huile d'olive, pesant net 100 kilog.
à fr. 250 . . . . 250 » »

3 ——————— du 2 d'

Fourni à M. Auguste, de Bordeaux,
4 mètres de drap bleu, à 18 fr. 50
le mètre . . . . 74 » »

4 ========= *Du 2 janvier.* ==========

Vendu à Ugon, de Rouen, une pièce
  de vin de Bordeaux . . . . 1200 » »

5 ========= *du 3 d°* =========

Vendu à M. Sicard, de la Rochelle,
  savoir :
4 k. chandelles, à fr., 1 50 le k.   6 » »
2 d°   d°,   à fr. 1 75   d°   3 50
4 d° beurre, à fr. 0 90   d°   3 60
5 litres d'huile, à fr. 2 20 le l. 11 » »   24 10

6 ========= *du 3 d°* =========

Vendu à M. Delage de Nantes,
  savoir :
10 pièces vin de Macon,
  à fr. 100 la pièce . .   1000 » »
20 pièces vin de Baune,
  à fr. 300 la pièce . .   6000 » »
3 feuillettes Joigny, à fr. 50
  la pièce . . . . . .   150 » »   7150 » »

7 ========= *du 5 d°* =========

Acheté de M. Sicard, de la Rochelle,
  10 pièces vin de Bordeaux, à fr. 100
  la pièce . . . . 1000 » »

8 ————— *Du 6 janvier,* —————

Fourni à M. Vallon, de Saintes, un parapluie de soie noire . . . . .   17 » »

9 ————— *du 6 d°* —————

Acheté à M. Train, de Rouen, 4 barriques d'huile, à 150 fr. la pièce .   600 » »

10 ————— *du 6 d°* —————

Acheté à M. Fabien, de Rochefort, savoir :
3 kilog. sucre, à fr. 1 40   .   4 20
2 kilog. sel,   à fr. 0 25   .   » 50   4 70

11 ————— *du 7 d°* —————

Acheté à M. Sicard, de la Rochelle, savoir :
4 pièces vin, à fr. 100 . . 400 » »
2 pièces vin, à fr. 75 . . 150 » »   550 » »

12 ————— *du 8 d°* —————

Vendu à M. Chasseriaud, de Cozes, savoir :
Une barrique de vin Médoc.   180 » »
4 barriques d'eau-de-vie de
Cognac, à fr. 200 . . .   800 » »   980 » »

13———————*Du 9 janvier.*————————

Livré à M. Herisson, peintre à Saintes,
  savoir :
1 cent de bûches . . . . . 50 » »
1 cent de rondins . . . . . 35 » »
1 cent de fagots . . . . . 54 » »   139 » »

14———————*du 9 d°*

Acheté à M. Chef, Alexandre, savoir :
4 rames de papier, à 8 fr. . 32 » »
10 paquets de plumes, à 1 fr. 10 » »
4 bouteilles d'encre, à 0 fr. 25. 1 » »   43 » »

15———————*du 10 d°*———————

Acheté à Jules, de Niort, savoir :
10 barriques de vin, à fr. 50
  la pièce . . . . 500 » »
10 barriques de vin blanc, à
  fr. 10 la pièce . . . . 100 » »   600 » »

16———————*du 11 d°*———————

Fourni à Chasseriaud, de Saintes,
  savoir :
2 kil. cotelettes de mouton, à
  fr. 0 50 le kil. . . . : . 1 » »
2 kil. bœuf, à fr. 0 60 . . 1 20
2 id. veau, à fr. 0 55 . . 1 10   3 30

17 ══════ *Du 12 janvier.* ══════

Livré à M. Bodin, les objets suivants,
  savoir :

1 paire de bottes vernies. .	25	» »	
1 id. souliers pour femme.	12	» »	
1 id. pour homme . . .	16	» »	53 » »

18 ──────── *du 12 d°* ────────

Fourni à M. Neau, de Saujon,
  savoir :

2 kil. chandelles, à 0 75 le k.	1	50		
3 id. suif fin, à 0 95 d°	2	85		
4 id. fromage, à 1 55 d°	6	20		
2 id. beurre, à 0 85 d°	1	70	12	25

19 ──────── *du 13 d°* ────────

Acheté à M. Train, de Rouen,

Six milliers de foin . . . .   400 » »

20 ──────── *du 14 d°* ────────

Acheté de M. Sicard, de la Rochelle,
  savoir :

40 mètres de drap, 1re qualité,			
à fr. 20 le mètre . . ,	800	» »	
10 mètres, 2me d°, à fr. 12 d°.	120	» »	
20 id. 3me d°, à fr. 9 d°. 180	» »	1100	» »

21———————*Du 15 janvier.*———————

Reçu de M. Voisin, du Hâvre, la somme
    de 250 fr. pour une barrique d'huile à
    lui vendue le 1er janvier courant . . | 250 | « »

22———————*du 15 d°*———————

Reçu de M. Auguste, de Bordeaux, la
    somme de 74 fr. pour la vente à lui
    faite le 2 janvier courant. . . . | 74 | » »

23———————*du 15 d°*———————

Reçu d'Egon, de Rouen, la somme de
    1200 fr. pour une pièce de vin de
    Bordeaux à lui vendue le 2 janvier
    courant . . . . | 1200 | » »

24———————*du 16 d°*———————

Reçu de M. Sicard, de la Rochelle,
    pour diverses marchandises à lui
    vendues le 3 janvier courant . . | 24 | 10

25———————*du 16 d°*———————

Payé à M. Sicard, de la Rochelle, les
    marchandises achetées les 5 et 14
    janvier courant, portées à son avoir
    et montant à la somme de . . . | 2650 | » »

26 —————— Du 17 janvier. —————————

Reçu de M. Delage, de Nantes, pour
diverses marchandises à lui vendues
le 3 janvier courant . . . . . . | 7150 | » »

27 ——————— du 17 d° ——————————

Reçu de M. Vallon, de Saintes, pour
un parapluie à lui vendu le 6 janvier
courant . . . . | 17 | » »

28 ——————— du 17 d° ——————————

Payé à M. Train, de Rouen, 1000 fr.
pour les marchandises que je lui ai
achetées les 6 et 13 janvier courant. | 1000 | » »

29 ——————— du 17 d° ——————————

Payé à M. Fabien, de Rochefort, pour
sa vente du 6 janvier courant . . | 4 | 70

30 ——————— du 18 d° ——————————

Reçu de M. Chasseriaud, de Cozes,
pour diverses marchandises à lui ven-
dues le 8 janvier courant . . . . | 98 | » »

31 ———— *Du 19 janvier.* ————

Reçu de M. Hérisson, peintre à Saintes, pour la vente à lui faite le 9 janvier courant	139	» »

32 ———— *du 19 d°* ————

Payé à M. Chef, Alexandre, un compte de 43 fr. pour sa vente du 9 janvier courant	43	» »

33 ———— *du 20 d°* ————

Payé à M. Jules, de Niort, pour sa vente du 10 janvier courant. . .	600	» »

34 ———— *du 21 d°* ————

Reçu de M. Chasseriaud, de Saintes, pour diverses marchandises à lui vendues le 11 janvier courant . .	3	30

35 ———— *du 22 d°* ————

Reçu de M. Bodin, pour diverses marchandises à lui vendues le 12 janvier courant	53	» »

3

36 —————— *Du 30 janvier.* ══════

Reçu de M. Neau, de Saujon, pour la vente à lui faite le 12 janvier courant . . . . | 12 | 25

37 —————— *du 30 d°* ——————

Vendu à M. Achille, de Cognac, savoir :
8 hectolitres eau-de-vie de Champagne, à francs 100 l'hectolitre . . . . . . 800 » »
4 hectolitres d'eau-de-vie rassise, à fr. 70 l'hect. . 280 » » | 1080 | » »

38 —————— *du 30 d°* ——————

Acheté à Bertin, de Charente, les articles suivants :
4 pièces drap noir, contenant chacune 30 m. 50, à fr. 8 le mètre . . . . 224 » »
2 pièces, grosse toile, deuxième qualité, contenant chacune 20 m., à 0 fr. 72 le mètre. 28 80
2 douzaines de mouchoirs, à f. 18 la douzaine . . . 36 » » | 288 | 80

39 ———— *Du 30 janvier.* ————

Vendu à Mme Tardy, marchande de
  modes à Paris :
12 chapeaux de dames, à fr.
  16 pièce . . . . . . 192 » »
12 chapeaux d'enfants, à fr. 7
  pièce . . . . 84 » »   276 » »

40 ———— *du 30 d°* ————

Acheté à Mme Saulnier, modiste, rue
  Saint-Martin, 24, à Paris, savoir :
14 mètres dentelle fine, à fr.
  7 le mètre . . . . . 98 » »
10 mètres dentelle ordinaire,
  à fr. 3 le mètre . . . 30 » »   128 » »

41 ———— *du 31 d°* ————

Reçu de Mme Tardy, marchande de
  modes à Paris, à valoir sur son
  compte du 30 janvier courant, la
  somme de . . . .   176 » »

42 ———— *du 31 d°* ————

Payé à Mme Saulnier, modiste, rue
  Saint-Martin, 24, à Paris, la somme
  de cent francs pour un billet de ban-
  que, à valoir sur son compte du 30
  janvier courant . . . .   100 » »

JOURNAL

COMMENCÉ LE 1er JANVIER 18...

JOURNAL

COMMENCÉ LE 1er JANVIER 18...

Folio 1

1	Du 1er janvier.			
	AVOIR ACTIF, FR. 6,500 75.			
	En caisse	3000 » »		
	En meubles et ustensiles.	1000 » »		
	En marchandises et en magasin	2500 75	6500 75	
	DOIT PASSIF, FR. 700 95.			
	Billets à payer.	500 » »		
	Divers créanciers	200 95	700 95	
2	du 1er d°			
1	DOIT Voisin, du Hâvre, fr. 250. Pour une barrique d'huile à lui vendue pesant 100 kilog., à 2 fr. 50 le kilog.		250 » »	
	A reporter		7451 70	

Folio 2

	3————Du 2 janvier.————		
	Report . . .	7451	70
	Doit M. Auguste, de Bordeaux, fr. 74.		
1	Pour 4 mètres de drap, à 18 fr. 50 le mètre	74	» »
	4————————du 2 d°————		
	Doit Ugon, de Rouen, fr. 1200.		
1	Pour une pièce de vin de Bordeaux	1200	» »
	5————————du 3 d°————		
	Doit M. Sicard, de la Rochelle, fr. 24 10.		
1	4 kil. chandelles, à fr. 1 50 le kil. . . . . . . 6 » »		
	2 kil. id., à fr. 1 75 le kil. 3 50		
	4 kil. beurre, à fr. 0 90 le kil. 3 60		
	5 litres d'huile, à fr. 2 20 le litre . . . . . . 11 » »	24	10
	A reporter . . .	8749	80

Folio 2

6	═══ Du 3 janvier. ═══			
	Report . . .		8749	80
	Doit M. Delage, de Nantes, fr. 7150.			
1	10 pièces vin de Macon, à			
	fr. 100 la pièce . . . 1000 » »			
	20 pièces Beaune, à fr. 300			
	la pièce . . . . . 6000 » »			
	3 feuillettes Joigny, à fr. 50			
	la pièce . . . . . 150 » »	7150	» »	
7	═══ du 5 d° ═══			
	Avoir M. Sicard, de la Rochelle,			
	fr. 1000.			
1	Pour 10 pièces vin de Bordeaux, à			
	fr. 100 la pièce	1000	» »	
8	═══ du 6 d° ═══			
	Doit M. Vallon, de Saintes, fr. 17.			
1	Fourni un parapluie de soie . . .	17	» »	
	A reporter . . .		16916	80

Folio 3

9	══════ *Du 6 janvier* ══════		16916	80
	Report . . .		16916	80
	Avoir M. Train, de Rouen, fr. 600.			
2	Acheté à lui 4 barriques d'huile, à fr. 150 la pièce		600	» »
10	─────── *du 6 d°* ───────			
	Avoir M. Fabien, de Rochefort, fr. 4 70.			
2	Acheté à lui 3 kilog. sucre, à fr. 1 40	4 20		
	Acheté à lui 2 kilog. sel, à fr. 0 25	0 50	4	70
11	─────── *du 7 d°* ───────			
	Avoir M. Sicard, de la Rochelle, fr. 550.			
1	Acheté à lui 4 pièces vin, à 100 fr. la pièce . .	400 » »		
	Acheté à lui 2 pièces vin, à fr. 75 la pièce. . .	150 » »	550	» »
	A reporter . . .		18071	50

12——— *Du 8 janvier.*———			
Report . . .		18071	50
Doit **M.** Chasseriaud , de Cozes, fr. 980.			
2	1 barrique vin de Médoc . 180 »»			
4 barriques eau-de-vie, à fr. 200 la pièce . . . 800 »»	980		»»
13——— *du 9 d°*———			
Doit **M.** Hérisson, peintre à Saintes, fr. 139.			
1 cent de bûches . . . 50 »»			
1 cent de rondins . . . 35 »»			
1 cent de fagots . . . 54 »»	139		»»
14——— *du 9 d°*———			
Avoir **M.** Chef, Alexandre, fr. 43.			
2	Acheté à lui 4 rames de papier à fr. 8 . . . 32 »»			
10 paquets de plumes, à fr. 1 . . . . . . 10 »»			
4 bouteilles d'encre, à fr. 0 25 . . . . . . 1 »»	43		»»
A reporter . . .		19233	50

Folio 4

15	Du 10 janvier.		
	Report . . .	19233	50
Avoir M. Jules, de Niort, fr. 600.			
Acheté à lui 10 barriques			
de vin, à fr. 50 la pièce	500 » »		
10 barriques de vin blanc,			
à fr. 10 la pièce. . .	100 » »	600	» »
16	du 11 d°		
Doit Chasseriaud, de Saintes, fr.			
3 30.			
2 kil. cotelettes de mouton,			
à fr. 0 50 le kil. . . .	1 » »		
2 kilog. bœuf, à fr. 0 60			
le kilog	1 20		
2 kilog. veau, à fr. 0 55			
le kilog.	1 10	3	30
17	du 12 d°		
Doit M. Bodin, fr. 53.			
1 paire de bottes vernies .	25 » »		
1 id. souliers pour femme .	12 » »		
1 id. id. pour homme .	16 » »	53	» »
	A reporter . . .	19889	80

Folio 4

	18———*Du 12 janvier*————————			
	Report . . .	19889	80	
	Doit M. Neau, de Saujon, fr. 12 25.			
3	2 kil. chandelles, à fr. 0 75 le kil.	1 50		
	3 kil. suif fin, à fr. 0 95 le kil.	2 85		
	4 kil. fromage, à fr. 1 55 le kil.	6 20		
	2 kil. beurre, à fr. 0 85 le kil.	1 70	12	25
	19——————*du 13 d°*——————			
	Avoir M. Train, de Rouen, fr. 400.			
2	Acheté à lui six milliers de foin .		400	»»
	20——————*du 14 d°*——————			
	Avoir M. Sicard, de la Rochelle, fr. 1100.			
1	Acheté à lui 40 m. de drap, 1ʳᵉ qualité, à fr. 20. . 800 »»			
	10 m., 2ᵐᵉ q., à fr. 12 . 120 »»			
	20 m., 3ᵐᵉ q., à fr. 9 . 180 »»		1100	»»
	A reporter . . .	21402	05	

Folio 5

21 ⟶ *Du 15 janvier.*

	Report . . .	21402	05
	Avoir Voisin, du Havre, 2 fr. 50.		
1	Reçu de lui ladite somme pour la vente à lui faite le 1ᵉʳ janvier . .	250	»»
	22 ———— *du 15 dᵒ*		
	Avoir M. Auguste, de Bordeaux, fr. 74.		
1	Reçu de lui ladite somme pour la vente à lui faite le 2 janvier . .	74	»»
	23 ———— *du 15 dᵒ*		
	Avoir Ugon, de Rouen, fr. 1200.		
1	Reçu de lui ladite somme pour la vente à lui faite le 2 janvier . .	1200	»»
	24 ———— *du 15 dᵒ*		
	Avoir Sicard, de la Rochelle, f. 24 10		
1	Reçu de lui ladite somme pour les marchandises portées à son débit et achetées le 3 courant . . .	24	10
	A reporter . . .	22950	15

Folio 5

25———— —*Du 16 janvier.*———		
Report . . .	22950	15
Doit **M. Sicard**, de la Rochelle, fr. 2650.		
1 Payé à lui pour les marchandises qu'il nous a vendues les 5, 7 et 14 janvier courant	2650	»»
26————————*du 17 d°*————		
Avoir **M. Delage**, de Nantes, fr. 7150.		
1 Reçu de lui ladite somme pour la vente à lui faite le 3 janvier courant	7150	»»
27————————*du 17 d°*————		
Avoir **M. Vallon**, de Saintes, fr. 17.		
1 Reçu de lui ladite somme pour la vente à lui faite le 6 janvier courant	17	»»
A reporter . . .	32767	15

Folio 6

28 ——— *Du 17 janvier.* ═══		
Report . . .	32767	15
Doit Train, de Rouen, fr. 1000. 2 Payé à lui ladite somme pour les marchandises portées à son avoir et qu'il m'avait vendues les 6 et 13 janvier courant	1000	»»
29 ——— *du 17 d°* ———		
Doit M. Fabien, de Rochefort, fr. 4 70. 2 Payé à lui ladite somme pour les marchandises qu'il nous a vendues le 6 janvier courant	4	70
30 ——— *du 18 d°* ———		
Avoir M. Chasseriaud, de Cozes, fr. 980. 2 Reçu de lui ladite somme pour la vente du 8 janvier courant . .	980	»»
A reporter . . .	34751	85

31———*Du* 19 *janvier.*———

	Report . . .	34751	85
	Avoir M. Hérisson, peintre à Saintes, fr. 139.		
2	Reçu de lui ladite somme pour la vente du 9 janvier courant . . .	139	»»

32——— *du* 19 *d°.*———

	Doit M. Chef, Alexandre, fr. 43.		
2	Payé à lui ladite somme pour les marchandises portées à son avoir dans la vente du 9 janvier cou-rant	43	»»

33——— *du* 20 *d°*———

	Doit M. Jules, de Niort, fr. 600.		
2	Payé à lui ladite somme pour des marchandises portées à son avoir dans la vente du 10 janvier cou-rant	600	»»
	A reporter . . .	35533	85

Folio 7

34	——Du 21 janvier.——		
	Report . . .	35533	85
	AVOIR M. Chasseriaud, de Saintes, fr. 3 30.		
2	Reçu de lui ladite somme pour la vente à lui faite le 3 janvier courant	3	30
35	————du 21 d° ——		
	AVOIR M. Bodin, fr. 53.		
2	Reçu de lui ladite somme pour la vente à lui faite, le 12 janvier courant	53	»»
36	————du 30 d° ——		
	AVOIR M. Neau, de Saujon, fr. 12 25.		
3	Reçu de lui ladite somme pour la vente à lui faite le 12 janvier courant	12	25
	A reporter . . .	35602	40

Folio 7

37———Du 30 janvier.═══		Report . . .	35602	40

Doit M. Achille, de Cognac, fr. 1080

3 | 8 hectolitres eau-de-vie de
Champagne, à fr. 100 l'h.   800 » »
4 d° rassise, à fr. 70 d° .   280 » » | 1080 » »

38—————du 30 d°—————

Avoir Bertin, de Charente,
fr. 1040 80.

2 | 4 pièces de drap noir, con-
tenant chacune 30 m. 50,
à fr. 8 le m.   . . .   976 » »
2 d° g. toile, 2ᵉ q., à fr. 0 72   28 80
2 douzaines de mouchoirs,
à fr. 18 la douzaine   .   36 » » | 1040 80

39—————du 30 d°—————

Doit Mᵐᵉ Tardy , marchande de
modes, à Paris, fr. 276.

2 | 12 chapeaux de dames, à
fr. 10 pièce . . . .   120 » »
12 d° d'enfants, à fr. 7 p.   84 » » | 204 » »

A reporter . . . | 37927 | 20

Folio 8

40	——Du 30 janvier.——			
	Report . . .		37927	20
	Avoir Mme Saulnier, modiste, rue Saint-Martin, 24, à Paris, fr. 128.			
3	14 mètres dentelle fine, à fr. 7 le m.	98 » »		
	10 mètres dentelle ordinaire, à fr. 3 le m. . .	30 » »	128	» »
41	——du 31 d°——			
	Avoir Mme Tardy, marchande de modes à Paris, fr. 176.			
3	A valoir sur son compte du 30 janvier courant, la somme de		176	» »
42	——du 31 d°——			
	Doit Mme Saulnier, modiste, rue Saint-Martin, 24, à Paris, fr. 100.			
3	Reçu par un billet de banque, à valoir sur son compte du 30 janvier courant		100	» »
	Total		38331	20

GRAND-LIVRE

COMMENCÉ LE 1er JANVIER 18...

Folio 1

18..					
Janvier	1er	Doit *passif* à divers......	1	700	95
Id.	1er	Doit **Voisin,** Une barrique d'huile , pesant 100 kil., à 2 fr. 50........	2	250	»»
Id.	2	Doit **M. Auguste,** 4 mètres de drap, à 18 50 le m.	3	74	»»
Id.	2	Doit **M. Ugon,** Pour une pièce vin de Bordeaux	4	1200	»»
Id.	3	Doit **M. Sicard,** Pour diverses marchandises...	5	24	10
Id.	16	Payé 2650 fr. pour l'achat des 5, 7 et 14 janvier courant..	25	2650	»»
Id.	3	Doit **M. Delage,** Pour diverses marchandises...	6	7150	»»
Id.	2	Doit **M. Valon,** Un parapluie de soie	8	17	»»

Folio 1

18.. Janvier	1er	*Actifs* par divers Avoir......		1 6500	75
Id.	15	du Hàvre, Avoir : Reçu pour la vente du 1er janvier courant.............	21	250	»»
Id.	15	de Bordeaux, Avoir : Reçu pour la vente du 2 janvier	22	74	»»
Id.	15	de Rouen, Avoir : Reçu pour la vente du 9 janvier	23	1200	»»
Id. *Id.* *Id.* *Id.*	5 7 14 16	de la Rochelle, Avoir : Par 10 pièces vin Bordeaux... Par 4 d° vin, à 100 fr. et d°, à 75 Par divers................. Par divers.................	 7 11 20 24	 1000 550 1100 24	 »» »» »» 10
Id.	17	de Nantes, Avoir : Reçu pour la vente du 3 janvier	26	7150	»»
Id.	17	à Saintes. Avoir : Reçu pour la vente du 9 janvier courant..................	27	17	»»

Folio 2

Janvier	17	Doit **M. Train,** Payé 1000 fr. pour l'achat des 6 et 13 janvier courant.....	28	1000	»»
Id.	17	Doit **M. Fabien,** Payé 4 fr. 70 pour l'achat du 6 janvier courant........	29	4	70
Id.	8	Doit **M. Chasseriaud,** Par divers.................	12	980	»»
Id.	9	Doit **M. Hérisson,** peintre, Par divers.................	18	139	»»
Id.	19	Doit **M. Chef,** Alexandre, Payé pour l'achat du 9 janvier.	32	43	»»
Id.	20	Doit **M. Jules,** Payé 600 fr. pour l'achat du 10 janvier courant........	33	600	»»
Id.	11	Doit **M. Chasseriaud,** Par divers.................	16	3	30

Folio 2

Janvier	3	de Rouen, Avoir : Par 4 barr. d'huile, à 450 fr. p.	9	600	»»
Id.	16	Par six milliers de foin.......	19	400	»»
Id.	6	de Rochefort, Avoir : Par divers	10	4	»»
Id.	18	de Cozes, Avoir : Reçu pour la vente du 9 janvier.	30	980	»»
Id.	19	de Saintes, Avoir : Reçu pour la vente du 9 janvier.	31	139	»»
Id.	9	de Saintes, Avoir : Par divers..................	14	43	»»
Id.	10	de Niort, Avoir : Par divers..................	15	600	»»
Id.	11	de Saintes, Avoir : Reçu pour la vente du 11 jan- vier courant.............	34	3	»»

4

Folio 3

Janvier	12	Doit **M. Bodin,** Par divers..................	17	53	»»
Id.	30	Doit **M. Neau,** Par divers	18	12	25
Id.		Doit **M. Achille,** Par divers	37	1080	»»
	30	Doit **M. Bertin,**			
Id.	30	Doit **Mme Tardy,** Par divers................	39	267	»»
Id.	34	Doit **Mme Saulnier,** Reçu par un B/ banque à valoir sur son compte du 30 janvier	42	100	42
		Doit Doit			

Janvier	24	Avoir : Reçu pour la vente du 12 janvier courant.	35	53	35
Id.	30	de Saujon. Avoir : Reçu pour la vente du 12 janvier courant.	36	12	25
		de Cognac, Avoir :			
Id.	30	de Charente, Avoir : Par divers.	38	1040	80
Id.	31	marchande de modes à Paris, Avoir : Reçu pour la vente d'hier	44	176	»»
Id.	30	modiste. rue Saint-Martin, 24, à Paris, Avoir : Par divers.	40	128	«»
		Avoir : Avoir :			

MODELE DU LIV

DOIT   CAISSE.

Février	1er	Reste en Caisse. . .	1	1015	50
Id.	2	Reçu de Bodin, à-compte	3	200	» »
Id.	3	Vente au comptant d'une barr. de vin de Bordeaux . . .	5	600	» »
Id.	3	Reçu de M. Fabien, de Rochefort, pour solde	9	785	35
Id.	5	Encaissé le billet Thomas, n° 9 . . .	12	986	20
Id.	8	Reçu à-compte de Lucien, de Nantes. .	17	300	» »
				3887	05

RE DE CAISSE.

AVOIR :

Février	1er	Payé M/B. O/Jean, n° 9	8	600	
Id.	2	Achat d'une pièce de drap	11	150	
Id.	3	Payé à Train, de Rouen	15	200	
Id.	4	Réparations du bureau	26	150	65
				1100	65
		Pour balance, reste en caisse		2786	40
				3887	05

MODÈLE DU CAR

FÉVRIER 1851.   A RECEVOIR :

1850						
Déc.^{re}	2	Nº 7 B/Bonnain, O/Beauchamp, *fin juillet*	encaissé	2000	20
Id.	15	Nº 11 B/Charles, O/Molard, *au 15 mars*	négocié	2800	05
1851 Janvier	2	Nº 18 B/Thomas, O/Lucas, *fin mars*	encaissé	4507	» »
Id.	3	Nº 20 B/Jules Cⁱᵉ, O/Charles, *fin janvier*	Id.	400	» »
Id.	7	Nº 38 B/Lucien, O/Tétaut, *au 30 avril*	Id.	1256	» »
Id.	8	Nº 37 B/Jean, O/Emile, *au 15 juin*	négocié	200	» »

NET D'ÉCHÉANCE.

FÉVRIER 1851.   A PAYER :

1850					
Nov.^{re}	2	N° 9 M/B. O/Olivier			
		fin décembre	acquitté	750	25
Déc.^{re}	15	M/B. O/Cuny,			
		15 janvier	rentrée	2347	10
Janvier	3	M/B. O/Jules,			
		fin mars	Id.	5800	65
Id.	4	M/B. O/Colin,			
		fin juin	Id.	200	» »
Id.	5	M/B. O/Thomas,			
Avril		*fin courant*	acquitté	700	» »
	8	M/B. Lucie,			
		fin mai	rentrée	819	20
Id.	25	M/B. O/Reparon,			
		16 juillet		708	» »

MODÈLE DU LIV

1850 Février	8	N° 1. Une pièce de drap bleu, à fr. 10 50 le m.	40	420	» »
Id.	14	N° 1. Une caisse savon, à 0 fr. 80 c. le kilog. . .	100	800	» »
Id.	18	N° 3. Une caisse de sucre, à 0 fr. 90 c. le kilog. .	36	32	40
Id.	19	N° 4. Une caisse vin Champagne, à fr. 4 la bout.[le]	60	240	» »

RE DE MAGASIN.

1850 Février	12	Vendu à Tronchard, fr. 17 le mètre	40	680	» »
Id.	19	Vendu à M. Labarre, à fr. 1 20 le kilog	30	36	» »

MODÈLE DE BALANCE

DU MOIS DE JANVIER.

DÉBITEURS ET CRÉANCIERS	FOLIOS	JANVIER			
		DÉBIT.		CRÉDIT.	
Capital	1	700	95	6500	75
Voisin	1	250	»	250	»
Auguste . , . . .	1	74	»	74	»
Ugon	1	1200	»	1200	»
Sicard	1	2674	10	2674	10
Delage	1	7150	»	7150	»
Vallon	1	17	»	17	»
Train	2	1000	»	1000	»
Fabien	2	4	70	4	70
Chasseriaud, de Cozes.	2	980	»	980	»
Herisson	2	139	»	139	»
Chef	2	43	»	43	»
Jules	2	600	»	600	»
Chasseriaud, de Saintes	2	3	30	3	30
Bodin	3	53	»	53	»
Neau	3	12	25	12	25
Achille	3	1080	»	»	»
Bertin	3	»	»	1040	80
Tardy	3	276	»	176	»
Saulnier	3	100	»	128	»
Différence des comptes.		5688	60	»	»
TOTAUX . . .		22045	90	22045	90

MODÈLE D'UN INVENTAIRE.

ACTIF.			PASSIF.		
Espèces en caisse	2000	75	Créanciers antérieurs à l'ouverture des liv.	700	95
Marchandises .	1500	» »	Créanciers par comptes . . .	1068	80
Mobilier . . .	500	» »	Capital net . .	5911	» »
Divers	2500	» »			
Débiteurs . . .	1180	» »			
Total . . .	7680	75	Balance . . .	7680	75

Certifié le présent inventaire sincère et conforme à mes livres.

R. ET Cie.

Paris, le ..... 18...

GRAND-LIVRE.

RÉPERTOIRE DU GRAND-LIVRE.

Achille, rue du Rempart, 24, à Cognac . Folio 3

Auguste, rue St-Jacques, 38, à Bordeaux. Folio 1

Bodin, rue Saint-Louis, 129, à Paris . . Folio 3

MODÈLE

D'UN LIVRE DE COMPTES COURANTS QUI PERMET DE SE PASSER D'UN GRAND-LIVRE (1).

Nous donnons ci-après le modèle d'un livre-journal qui permet de se passer de tenir un grand-livre. Les personnes qui étudieront notre *Tenue des Livres*, choisiront celle des deux méthodes qui leur conviendra le mieux.

Ce livre consiste à ouvrir un compte particulier sur chacune de ses pages, avec deux grandes colonnes, l'une pour le *débit*, l'autre pour le *crédit*.

Au *débit*, on porte toutes les sommes que l'on doit.

Au *crédit*, toutes celles qui lui sont dues.

La *balance* s'établit par la différence de ces deux comptes.

(1) Ce livre tient lieu de journal et de grand-livre.

MODÈLE PAR DÉBIT ET CRÉDIT

OU TOUS LES COMPTES DU BROUILLARD SONT PASSÉS.

Actif et Passif.

ARTICLE 1er.

18.. janvier	1er	En caisse . . 3000 » »						
		Meubles et ustensiles. 1000 » »						
d°		Marchandises en magasin 2500 75	6500	» »	700	» »		
d°		Billets à payer 500 » »						
d°		Divers créanciers . . . 200 95	» »	» »	700	95		
		Solde à nouveau...	6500	75	700	95		

ART. 2.

			DÉBIT.	CRÉDIT.		
		Voisin, du Hâvre.				
d°	1er	Vente une barrique d'huile d'olive pesant net 100 kilog., à 2 fr.	250 » »	» »	» »	

Voir page 87 pour la continuation.

___ARTICLE 21.___

18..			V. p. 87 pour les comptes antérieurs	DÉBIT		CRÉDIT	
janvier	15	Reçu pour la vente d'une barrique du 1ᵉʳ janvier		» »	» »	250	» »
		Solde . . .		250	» »	250	» »
		___Art. 3.___					
d°	2	Auguste, de Bordeaux. Vente 4 mètres de drap bleu, à 18 fr. 50 le mètre.		74	» »	» »	» »
		___Art. 22.___					
		Reçu pour la vente du 2 janvier courant .		» »	» »	74	» »
		Solde . . .		74	» »	74	» »
		___Art. 4.___					
d°	2	Ugon, de Rouen. Vente une pièce vin de Bordeaux. . . .		1200	» »	» »	» »

Voir page 88 pour la continuation.

════ARTICLE 13.════				DÉBIT		CRÉDIT	
18..		Voir page 87 pour les comptes ant.					
janvier	15	Reçu pour la vente du 2 janvier courant .	1200	»»		»»	»»
		Solde . . .	1200	»»	1200	»»
		════Art. 5.════					
		Sicard, de la Rochelle.					
d°	3	4 kilog. chandelles, à 1 fr. 50 le kil. . .	6	»»	»»	»»
		2 k. d°, à 1 fr. 75 d° .	3	50	»»	»»
		4 k. beurre, à 0 fr. 90 d°	3	60	»»	»»
		5 l. d'huile, à 2 fr. 20 d°	11	»»	»»	»»
		════Art. 7.════					
d°	5	Achat 10 pièces vin de Bordeaux, à fr. 100 pièce	»»	»»	1000	»»
		════Art. 11.════					
d°	7	Achat 4 pièces vin, à fr. 100	»»	»»	400	»»
		2 pièces d°, à fr. 75.	»»	»»		

Voir page 89 pour la continuation.

————ARTICLE 20.————

18..		Voir page 88 pour les comptes ant.	DÉBIT		CRÉDIT	
janvier	14	Achat 40 mètres de drap, 1re q., à fr. 20 le mètre	» »	» »	800	» »
		10 d°, 2me q., à fr. 12 d°	» »	» »	120	» »
		20 d°, 3me q., à fr. 9 d°,	» »	» »	180	» »
		————ART. 24.————				
d°	16	Reçu pour la vente du 3 janvier courant .	» »	» »	24	10
		————ART. 25.————				
d°	16	Payé pour diverses marchandises achetées les 5, 7 et 14 janvier	2650	» »	» »	» »
		Solde . . .	2674	10	2674	10
		————ART. 6.————				
d°	3	M. Delage, de Nantes. Vente 10 pièces vin Mâcon, à fr. 100 p.	1000	» »	» »	» »

Voir page 90 pour la continuation.

——————Article 6.——————

		Voir page 89 pour les comptes ant.	DÉBIT		CRÉDIT	
18.. janvier	3	20 d° Beaume, à fr. 300 pièce	6000	»»	»»	»»
		3 feuillettes d° Joigny, à fr. 50 d° . . .	150	»»	»»	»»

——————Art. 26.——————

			DÉBIT		CRÉDIT	
d°	17	Reçu pour la vente du 3 janvier courant .	»»	»»	7150	»»
		Solde	7150	»»	7150	»»

——————Art. 8.——————

			DÉBIT		CRÉDIT	
d°	6	M. Vallon, de Saintes. Vente un parapluie de soie noire . . .	17	»»	»»	»»

——————Art. 27.——————

			DÉBIT		CRÉDIT	
d°	17	Reçu pour la vente du 6 janvier courant .	»»	»»	17	»»
		Solde . . .	17	»»	17	»»

——Article 9.——

		M. Train, de Rouen.	DÉBIT		CRÉDIT	
18.. janvier	6	Achat 4 barriq. d'huile, à fr. 150 la pièce .	» »	» »	600	» »

——— Art. 19. ———

dᵒ	13	Achat 6 milliers de foin	» »	» »	400	» »

———— Art. 28. ————

dᵒ	17	Payé pour diverses mar- chandises achetées à lui le 6 et 13 janvier	1000	» »	» »	» »
		Solde . . .	1000	» »	1000	» »

————Art. 10.————

		M. Fabien, de Rochefort.				
dᵒ	6	Achat 3 kilog. sucre, à 1 fr. 40 le kil. . .	» »	» »	4	20
		2 kil. sel, à 25 c. le k.	» »	» »	» »	50

———— Art. 29. ————

dᵒ	17	Payé pour diverses mar- chandises achetées le 6 janvier courant .	4	70	» »	» »
		Solde . . .	4	70	4	70

=ARTICLE 12.=

			DÉBIT		CRÉDIT	
18.. janvier	8	M. Chasseriaud , de Cozes.				
		Vente une barrique vin de Médoc . . .	180	» »	» »	» »
		4 barriq. eau-de-vie de Cognac, à fr. 200 .	800	» »	» »	» »

———Art. 30.———

			DÉBIT		CRÉDIT	
d°	18	Reçu pour la vente du 8 janvier courant .	» »	» »	980	» »
		Solde . . .	980	» »	980	» »

———Art. 13.———

			DÉBIT		CRÉDIT	
d°	9	M. Hérisson, peintre. Vente 1 cent de bûches	50	» »	» »	» »
		1 cent rondins .	35	» »	» »	» »
		1 cent fagots .	54	» »	» »	» »

———Art. 31.———

			DÉBIT		CRÉDIT	
d°	19	Reçu pour la vente du 9 janvier courant .	» »	» »	139	» »
		Solde . . .	139	» »	139	» »

ARTICLE 14.

18..		M. Chef, Alexandre,	DÉBIT		CRÉDIT	
janvier	9	Achat 4 rames de papier, à fr. 8 . . .	» »	» »	32	» »
		Achat 10 paquets de plumes, à fr. 1 . .	» »	» »	10	» »
		Achat 4 bouteilles d'encre, à 0 fr. 25 . .	» »	» »	1	» »

ART. 32.

| d° | 19 | Payé pour la vente du 9 janvier courant . | 43 | » » | » » | » » |
| | | *Solde* . . . | 43 | » » | 43 | » » |

ART. 15.

| d° | 10 | M. Jules de Niort. Achat 10 barriques de vin, à fr. 50 la pièce | » » | » » | 500 | » » |
| | | Achat 10 barriques de vin blanc, à fr. 10 d° | » » | » » | 100 | » » |

ART. 33.

| d° | 20 | Payé pour la vente du 10 janvier courant. | 600 | » » | » » | » » |
| | | *Solde* . . . | 600 | » » | 600 | » » |

=ARTICLE 16.=

			DÉBIT		CRÉDIT	
18..		M. Chasseriaud, de Saintes.				
janvier	11	Fourni 2 kil. de mouton, à 0 fr. 50 le k.	1	» »	» »	» »
		Fourni 2 kil. de bœuf, à 0 fr. 60 c. le kil.	1	20	» »	» »
		Fourni 2 kil. de veau, à 0 fr. 55 le kilog.	1	10	» »	» »

———— ART. 4. ————

			DÉBIT		CRÉDIT	
d°	21	Reçu pour diverses marchandises à lui vendues le 11 janvier courant. . .	» »	» »	3	30
		Solde . . .	3	30	3	30

————ART. 17.————

			DÉBIT		CRÉDIT	
		M. Bodin.				
d°	12	Une paire de bottes vernies	25	» »	» »	» »
		Une paire de souliers pour femme. . .	12	» »	» »	» »
		Une paire souliers pour homme	16	» »	» »	» »

Voir page 95 pour la continuation.

ARTICLE 35.

18..		Voir page 94 pour les comptos ant.	DÉBIT		CRÉDIT	
janvier	21	Reçu pour la vente du 12 janvier courant .	»»	»»	53	»»
		Solde . . .	53	» »	53	»»

——ART. 18.——

		M. Neau, de Saujon.				
d°	12	Vente 2 kil. chandelles, à 0 fr. 75 le kil. . .	1	50	» »	»»
		3 kil. suif fin, à 0 fr. 95 le kil.	2	85	»»	»»
		4 k. fromage, à 1 fr. 55 le kil.	6	20	»»	»»
		2 kil. beurre, à 0 fr. 85 le kil.	1	70	»»	»»

——ART. 36.——

d°	18	Reçu pour diverses marchandises vendues le 12 janvier courant	»»	25	12	25
		Solde . . .	12	»»	12	25

18.. janvier		ARTICLE 37.	DÉBIT		CRÉDIT	
	30	M. Achille, de Cognac. Vente 8 hectolitres eau-de-vie Champagne, à fr. 100 l'hect. .	800	»»	»»	»»
		Vente 4 hect. eau-de-vie rassise, à fr. 70 l'hect.	280	»»	»»	»»
		Solde . . .	1080	»»	»»	»»
		Art. 38.				
d°	30	M. Bertin, de Charente Achat 4 pièces drap noir, contenant chacune 30 m. 50, à fr. 8 le m.	»»	»»	976	»»
		2 pièces d°, 2ᵐᵉ q., contenant 20 m., à 0 fr. 72 le m. . .	»»	»»	28	80
		2 douzaines de mouchoirs de poche, à fr. 18 la douzaine.	»»	»»	36	»»
		Solde à nouveau	»»	»»	1040	80

<table>
<tr><td colspan="6" align="center">═══ ARTICLE 39. ═══</td></tr>
<tr><td>18..
janvier</td><td>30</td><td>Mme Tardy, marchande
de modes, à Paris.</td><td align="center">DÉBIT</td><td align="center" colspan="2">CRÉDIT</td></tr>
</table>

18.. janvier	30	Mme Tardy, marchande de modes, à Paris.	DÉBIT		CRÉDIT	
		Vente 12 chapeaux de dames, à fr. 16 p. .	192	»»	»»	»»
		12 chapeaux d'enfants, à fr. 7 pièce . .	84	»»	»»	»»
		———— ART. 41. ————				
d°	30	Reçu pour la vente du 30 janvier courant .	»»	»»	176	»»
		Solde à nouveau	276	»»	176	»»
		———— ART. 40. ————				
d°	30	Mme Saulnier, modiste, rue St-Martin, 24, à Paris. Achat 14 mètres dentelle fine, à fr. 7 le m.	»»	»»	98	»»
		10 m. d° ordinaire, à fr. 3 le mètre . .	»»	»»	30	»»
		———— ART. 42. ————				
d°	30	Payé pour la vente du 30 janvier courant.	100	»»	»»	»»
		Solde à nouveau	100	»»	128	»»

DES EFFETS DE COMMERCE.

Pour faciliter les opérations commerciales et éviter à la fois des dépenses et des risques pour l'envoi des fonds en espèces, on a créé des effets de commerce, c'est-à-dire des billets à ordre ou des lettres de change qui après l'accomplissement de certaines formalités, représentent des valeurs réelles et peuvent être expédiées par la poste aux lettres.

Nous donnons ci-après plusieurs formules pour la rédaction des billets de commerce.

BILLET A ORDRE.

Le billet à ordre est un billet souscrit pour acquitter une vente de marchandises payables à une certaine époque, ou le remboursement d'une somme prêtée.

Paris, 1ᵉʳ mars 18...

B. P. F. 2629 75.

A trois mois, je paierai, à l'ordre de MM. R. et Cⁱᵉ, *la somme de* deux mille cent vingt-neuf francs soixante - quinze centimes, *valeur reçue en marchandises.*

RANSON,

rue ...., nᵒ .....

DOS DE LA LETTRE.

|

Payez ordre GAUTHIER, valeur en compte.

Paris, 7 mars 18...

JOSEPH fils.

Payez O/ROBERT, valeur en marchandises.

Blois, 20 mai 18...

GAUTHIER.

Pour acquit,

ROBERT.

Comme on le voit ce billet renferme :

Le *nom du souscripteur* ou le signataire du billet;

Le *bénéficiaire* ou celui au profit duquel le billet est souscrit;

L'*ordre*, c'est-à-dire la faculté qu'on a de faire toucher le montant du billet par une personne quelconque par voie d'endossement ;

L'*échéance*, époque à laquelle le billet doit être payé ;

La *somme* à payer, c'est-à-dire le montant de la vente ou d'un prêt qu'on aurait fait ;

B. B. F. lettres qui se lisent : Bon pour francs ;

Valeur reçue comptant ou en marchandises, pour faire voir le motif qui a déterminé le billet ;

Endossement où l'on indique la personne à laquelle les fonds peuvent être remis.

L'*acquit* que met le dernier endosseur quand le billet est payé à son échéance, etc.

Si c'était un billet au porteur, c'est-à-dire qui obligerait le débiteur à en verser le montant entre les mains de celui qui le présente, on le ferait ainsi :

BILLET AU PORTEUR.

Paris, 15 janvier 18...   *B. P. F.* 500.

Bon pour cinq cents francs payables au porteur le premier mars prochain.

Simon,
banquier, à Angoulême.

LETTRE DE CHANGE A VUE.

Rouen, 15 janvier 18...

A vue, il vous plaira payer par cette première de change, à l'ordre de M. Régnault, la somme de *trois cents francs*, valeur reçue comptant, suivant avis de

Votre serviteur,

R. et Cie,

marchand de nouveautés à Rouen.

A M. Dussalt, banquier,
à Bordeaux.

LETTRE DE CHANGE A ÉPOQUE DÉTERMINÉE.

Bordeaux, 2 mai 18...

Au trente juillet prochain, il vous plaira payer par cette première de change, à l'ordre de M. Billaud, la somme de *douze cents francs*, valeur reçue en marchandise, suivant avis de

Votre serviteur,

GEOFFROY,

confiseur, 24, rue de l'Étoile,

MM. Auguste Brian et Cie,   à Bordeaux.
à Nantes.

LETTRE DE CHANGE PAYABLE AU DOMICILE D'UN TIERS.

Bordeaux, 20 mars 18...

Au vingt-cinq août prochain, il vous plaira payer par cette première de change, à l'ordre de M. Gaudin, au domicile de M. Lucas, négociant, à la Rochelle, la somme de *huit cents francs*, valeur reçue en espèces, et que vous passerez sans autre avis de

Votre serviteur,

HYP. LEMOINE,
banquier, à Bordeaux.

M. Roux. négociant, à Nantes.

CORRESPONDANCE COMMERCIALE.

La briéveté et la clarté sont les principales qualités de la correspondance commerciale. Le commerçant doit chercher à faire comprendre toute sa pensée, sans qu'on y puisse rien ajouter ou sous entendre. Quant au cérémonial il est trop simple pour en parler, nous n'ajouterons qu'une seule réflexion, c'est que dans la tenue des livres, comme dans la correspondance, une belle écriture est une des conditions indispensables.

DEMANDE DE MARCHANDISES.

Saint-Jean d'Angély, le 12 janvier 18...

Monsieur,

La ponctualité et le soin que vous avez apportés à votre dernier envoi, me déterminent de nouveau à mettre votre obligeance à contribution, en vous priant de me faire parvenir dans le plus bref délai possible les objets spécifiés ci-dessous.

(*Suit ici la facture ou une note de marchandises qu'on désire recevoir*).

Vous voudrez bien m'indiquer le prix de ces différents articles, et vous rembourser du total par une lettre de change que vous tirerez sur moi à quatre-vingt-dix jours.

Agréez, Monsieur, l'assurance de ma considération distinguée.

GAUTRET, marchand-tailleur,
24, rue Impériale, à Saint-Jean d'Angély.

ENVOI DE MARCHANDISES.

Paris, le 20 janvier 18...

Monsieur,

Je m'empresse de répondre à votre lettre et de satisfaire à vos demandes. Je viens de déposer ce matin au roulage accéléré de M. ....., demeurant rue ....., nº ..., trois caisses renfermant tous les articles que vous m'avez demandés et que j'ai fait emballer avec les plus minutieuses précautions.

(*Suit ici la facture*).

J'ai l'honneur de vous informer que pour me couvrir de la somme de ....., montant de votre facture, je tire sur vous, selon vos ordres, une traite à quatre-vingt-dix jours que j'ose recommander à votre bon accueil.

Dans l'attente de nouveaux ordres, je vous prie d'agréer, Monsieur, nos salutations empressées.

R. et Cie,
fabricants à Paris, 46, rue St-Martin.

DEMAMDE D'UN RÉGLEMENT DE COMPTE.

Paris, le 21 janvier 18...

Monsieur,

Depuis trois mois, j'ai reçu de vous une lettre par laquelle, en m'accusant réception de mon dernier envoi, vous m'informiez que fin du mois suivant, vous m'enverriez le montant de la facture que je vous ai adressée.

Je vous assure que la réalisation de votre promesse, n'aurait pu arriver dans une circonstance plus favorable, attendu le développement commercial de ma maison et l'extrême bon marché auquel je livre mes marchandises.

Veuillez donc, Monsieur, je vous prie, ne pas me faire attendre plus longtemps le réglement que vous m'avez promis. Croyez que la nécessité la plus absolue peut seule me déterminer, à vous presser avec tant d'instances.

Agréez, Monsieur, l'expression de l'estime et de dévouement de votre très-humble serviteur.

R. et Cⁱᵉ,

fabricant à Paris, 24, rue St-Martin.

ENVOI D'UN RÉGLEMENT DE COMPTE.

Tours, le 17 janvier 18...

Monsieur,

Combien n'aurai-je point à m'excuser d'avoir différé jusqu'à ce jour l'envoi du réglement que vous me demandez, mais l'espoir de vous adresser une nouvelle commande m'a fait tarder jusqu'à présent.

Vous recevrez en effet sous peu de jours, ma nouvelle demande, en attendant je vous adresse sous ce pli deux billets à ordre montant à la somme de ..... Vous pouvez être sans inquiétude relativement au papier que je vous expédie, j'ai l'intime conviction qu'aux échéances les négociants qui les ont souscrits feront exactement honneur à leur signature.

Agréez, Monsieur, l'assurance de la parfaite considération de votre tout dévoué serviteur.

MOREAU,
lampiste, 18, cours de la Bourse, à Nantes

COMPTABILITÉ AGRICOLE.

DEUXIÈME PARTIE

COURS DE COMPTABILITÉ AGRICOLE

A L'USAGE DE TOUS LES CULTIVATEURS.

Après avoir permis à l'artisan, au petit commerçant, de pouvoir se rendre compte, à l'aide de notre *Tenue des Livres,* de leurs dettes *actives* et *passives,* et les avoir mis à même de tenir régulièrement leurs livres de compte, d'avoir enfin introduit dans un grand nombre d'écoles primaires la tenue des livres en partie simple, à l'usage de cette classe si nombreuses de petits commerçants et d'industriels qui les peuple, il nous restait une lacune que nous nous étions promis de remplir, mais que tout d'abord il nous avait été impossible de le faire, nous voulons parler de la *Comptabilité Agricole.*

Si dans la préface de notre première édition, nous avons dit que dans un grand nombre d'écoles primaires on enseigne très peu la tenue des livres à l'usage du petit commerce, nous pouvons au-

jourd'hui dire hautement que la comptabilité agricole n'est enseignée nulle part, et qu'il semble que
la pratique des travaux extérieurs des cultivateurs,
leur rende insupportable une occupation sédentaire
qui les retiendrait quelques instants sur un registre
dans l'intérieur de leurs maisons. C'est là un mal
très grave qui affecte profondément l'agriculture,
puisque par cette coupable négligence, presque tous
les cultivateurs, petits propriétaires ou fermiers ne
peuvent jamais se rendre un compte exact de leur
position, ce qui les conduit inévitablement à des
erreurs préjudiciables à leurs intérêts. Nous vou-
drions qu'il n'en soit pas ainsi, et c'est pour arriver
à ce résultat de l'enseignement de la comptabilité
agricole que nous avons augmenté notre troisième
édition à nous demandée par M. Fontanier, notre
libraire-éditeur, d'une *Comptabilité Agricole* que
nous croyons utile à plus d'un titre aux intérêts
si précieux de l'agriculture et à son développement qui est et sera longtemps l'objet constant de
nos modestes travaux.

NÉCESSITÉ D'UNE COMPTABILITÉ AGRICOLE.

La grande culture, tout le monde le sait, comprend une infinité d'industries si diverses, qu'il est

impossible de s'y livrer, si, comme dans le commerce, on ne contracte pas un certain ordre et une régularité parfaite dans les écritures de vente, d'achats, d'échange, etc.; aussi, les habiles agriculteurs qui s'y livrent, ont-ils compris depuis longtemps qu'ils devaient régler leurs intérêts par la tenue des livres en partie double.

En effet, cette tenue des livres, avec son système ingénieux de comptes généraux et spéciaux avec les individus, renferme des moyens de contrôle continuels et réciproques, qui permet de rassembler, sans aucune omission possible, toutes les dépenses particulières, générales ou extraordinaires; ce qu'on ne peut espérer de trouver par des calculs isolés ou d'aperçus approximatifs fournis par la mémoire. Enfin, on ne saurait trop le dire, la partie double, par son exactitude infaillible, a seule la puissance de révéler aux producteurs la vérité de ses transactions agricoles et de lui faire connaître la perte ou le gain des nombreuses industries qui se rattachent à son exploitation.

Mais si ces avantages sont incontestables pour la grande propriété, ne peut-on pas dire que dans la petite culture, le propriétaire, le fermier, le cultivateur ont aussi le plus grand intérêt à connaître en tout temps leur situation, et n'est-ce pas par cette connaissance seule qu'ils amélioreront leur industrie, en adoptant sans crainte les changements qui peuvent leur paraître le plus profitable.

On ne peut pas dire que, pour savoir où l'on est et où l'on va en agriculture, la comptabilité est le moyen le meilleur : elle est le seul. Le prince des agronomes modernes, Mathieu de Dombasle, s'est plu à le proclamer. Il n'y a, dit-il, pas d'économie sans ordre, pas d'ordre, pas de succès possible sans une bonne comptabilité.

Si les avantages qui peuvent résulter pour le cultivateur de la tenue d'une bonne comptabilité agricole, dit Ysabeau, étaient suffisamment appréciés, il n'y aurait pas une seule exploitation, si petite qu'elle soit, dont toutes les opérations, sans exception, ne fussent soumises au controle d'une comptabilité régulière. Les obstacles qui s'opposent à la réalisation générale d'un fait qui aurait tant d'heureuses conséquences, ne sont pas sérieux. Grâce à la sollicitude du Gouvernement pour propager l'instruction primaire parmi les populations rurales, si le chef de famille est dépourvu de tout savoir, il a toujours au moins un de ses enfants qui sait lire, écrire et compter : c'est tout ce qu'il faut.

Reste à l'instituteur à l'initier dans cet art qui ne présente rien de difficile qu'une étude primaire, une théorie simple, qui ne demande que des applications faciles à comprendre et à mettre en œuvre. Cette connaissance acquise, il ne lui sera pas difficile de la faire comprendre à une des divisions de ses meilleurs élèves et cette étude pleine de charmes, sera pour eux un moyen d'émulation, en même temps qu'ils rendront à leurs parents et à eux-mêmes les plus grands services.

DE LA COMPTABILITÉ AGRICOLE.

La tenue des livres, comme comptabilité agricole, est l'art d'écrire sur des tableaux et des registres toutes les affaires d'un cultivateur, dans un ordre et d'après des principes que nous ferons connaître plus loin.

Outre cet ordre et ces principes, cet art exige indispensablement et préliminairement la connaissance des calculs arithmétiques, du soin dans la tenue des tableaux et des articles, enfin une belle écriture est le complément indispensable.

Quant au système il est simple, comme on le

verra dans la suite, son but est de faire toucher du doigt au cultivateur ses déboursés et ses rentrées, ses profits et ses pertes, l'ensemble et les détails de toutes ses opérations, et pour couronnement de l'œuvre, cette comptabilité ne peut lui demander chaque jour que quelques minutes, qu'il lui sera bien doux de sacrifier en vue du bien qui en résulte.

ACTIF ET PASSIF.

Nous avons déjà vu dans notre *Tenue des Livres* ce qu'on entend par *actif*, ou *tout ce que l'on possède*, et *passif, tout ce que l'on doit*. Nous ne nous étendrons pas davantage sur ces deux mots, mais nous verrons de quoi peuvent se composer l'*actif* et le *passif* de toute exploitation rurale.

L'*actif* d'un agriculteur comprend :

1° Ses immeubles, fermes, maisons, prés, terres, vignes et bois ; 2° ses instruments, ustensiles aratoires ; 3° ses bœufs, vaches, veaux, génisses, juments, chevaux, poulains, porcs, chèvres, moutons, et la valeur renfermée dans sa basse-cour, c'est-à-dire les volailles de toutes sortes ; 4° son mobilier, son linge, ses hardes et bijoux ; 5° ses avoines, luzernes, betteraves, orges, maïs, etc. ; 6° ses eauxde-vie, ses vins et autres boissons, etc.; 7° sa caisse; 8° ses effets à recevoir.

Le passif comprend :

1° Les dettes privilégiées sur ses prés, terres, bois et bâtiments; 2° ses dettes hypothécaires; 3° ses dettes chirographaires (1) à payer pour achat de bestiaux ou de chevaux, juments, poulains, etc.; 4° ses instruments aratoires à solder; 5° les gages du berger et des domestiques de la ferme à acquitter, etc.

TENUE DES LIVRES.

Le registre sur lequel tout cultivateur doit porter ses opérations de chaque jour, se compose d'une série de *tableaux* qu'on peut modifier selon la nature de l'agriculture qu'on exploite et les diverses cultures qu'elles comprend. Ce livre ou cette suite de tableaux contiendra donc toutes les opérations, et sera le véritable journal de ses affaires.

Chaque tableau ne doit servir que pendant un mois, une semaine, et bien qu'au premier moment,

____

(1) *Dettes chirographaires*, c'est-à-dire contractées en vertu d'un acte sous-seing privé.

il semble qu'à cette série de tableaux, il faille une étude approfondie et un temps très long pour les remplir, si on les examine attentivement, on sera bientôt convaincu qu'ils n'offrent rien de difficile à faire et que l'aîné des enfants de la famille se fera honneur de tenir avec soin les livres de son père en réglant une fois par mois et dans peu d'instants, les tableaux du mois suivant, avec leurs titres, etc.

Voici le modèle d'un tableau dont l'analyse ci-après, permettra de se rendre parfaitement compte de ceux qui suivront et qui ne diffèrent de celui-ci que par la nature des intérêts dont ils s'occupent, mais qui tous ont pour règle ce principe invariable.

Rien ne doit sortir d'un compte ou d'un tableau sans entrer immédiatement dans un autre.

En effet, de même que nous avons déjà vu que tout compte qui reçoit *doit,* ou que tout compte qui donne, *il lui est dû*, on peut dire encore que, quand il sort ou qu'on donne de l'argent, de la marchandise ou un objet quelconque, ce n'est pas en pure perte, pour rien ou sans motif, que c'est toujours en échange d'un autre objet ou pour la consommation intérieure de la maison, enfin pour un motif de culture ou de dépense quelconque.

Or, après avoir fait sortir ou avoir noté à la sortie l'objet donné ou vendu, il faut immédiatement faire rentrer celui reçu ou payé en échange, c'est-à-dire le porter à l'entrée de son tableau.

C'est là l'application du principe.

Et quand il s'agit d'une sortie ou dépense en échange de laquelle on ne reçoit rien matériellement, il faut tout de même la faire entrer, c'est-à-dire la noter à l'entrée, en d'autres termes, la mettre à la charge d'un tableau ouvert à cette dépense ou à cette culture.

C'est ainsi que toutes les consommations de la maison, les dépenses et les diverses cultures, etc., auront chacune sur le registre un tableau ouvert qui indiquera le *débit* ou le *doit* de tous ces comptes. C'est ainsi qu'après cela, il ne sera pas difficile à chacun de se rendre parfaitement compte du tableau suivant et d'avoir d'avance une idée exacte des tableaux à venir,

N° 1.   TABLEAU D'ENTRÉE ET SORTIE D

SUR LE LIVRE

Entrée :   BLÉS EN

DATES.		PROVENANCES.	QUANTITÉS.	OBSERV.
1859.				
Octobre	4	Blé de ma récolte	170 h.	
Id.	15	Id.	200 h.	
Id.	20	Achat de blé nouveau	150 h. 30	

Entrée :   AVO

1859.				
Octobre	2	Avoine battu de ma récolte	600 h.	
Id.	7	Id.	400	

Entrée :   LUZE

1859.				
Novembre 6		Provenant de ma 1re et 2e coupe.	2600 bottes	

Ce tableau est l'un des plus importants, car sa
destination est de présenter l'entrée et la sortie en
quantités, des objets qui font la base de l'industrie

ES PRODUITS DE MA PROPRIÉTÉ

DE MAGASIN.

GRAIN. *Sortie :*

DATES.		DESTINATIONS.	QUANTITÉS.	OBSERV.
1859.				
Octobre	10	Vendu au comptant	70 h.	
Id.	12	Livré à la mouture	40 h.	
Id.	13	Vendu à terme à Billaud	100 h.	

INE. *Sortie :*

1859.				
Octobre	4	Livré à la consommation du bétail	120 h.	
Id.	9	Vendu payable fin courant à Fort	139 h.	

RNE. *Sortie :*

1859.				
Novembre	7	Livré à la consomm. des bestiaux	200 bottes	

agricole et qui permet de connaître par la différence les quantités de ces objets qui restent disponibles.

Les tableaux de ce genre sont faciles à ouvrir :

Sur le feuillet gauche, à *l'entrée*, une première colonne pour les dates, à la suite une deuxième large colonne qui indique les provenances, une troisième qui indique les quantités, enfin la quatrième qui est la colonne des observations.

Sur le deuxième feuillet gauche, pour la *sortie*, les mêmes dispositions : première colonne, dates ; deuxième colonne, destination ou sorties ; troisième colonne, quantités ; quatrième colonne, observations.

Ainsi l'on voit l'application du principe que *rien ne doit sortir d'un compte sans entrer immédiatement dans un autre*, ce qui d'après la méthode de tenue des livres, revient à dire qu'on ne doit pas débiter un compte sans en créditer en même temps un autre. Le solde de ces tableaux fait connaître les quantités qu'il en reste de disponibles.

6

N° 2. TABLEAU DES JOURNÉES O

JOURNÉES DE LA PREMIÈRE SEMAINE DE JANVIER.

NOMS ET PRÉNOMS des OUVRIERS.	LUNDI.	MARDI.	MERCREDI.	JEUDI.	VENDREDI.	SAMEDI.	DIMANCHE.	Total des journées.	PRIX.	SOMMES DUES A CHACUN.
HOMMES.										
Mousson, Jean	1	1	1	»	1	1	»	5	1 50	7 50
Colas, Émile	1/2	1	1	1/2	1/2	1	1	5 1/2	1 75	9 62
Billaud, Antoine	»	1	1/2	1	1	»	»	3 1/2	1 50	5 25
Birard, Jacques	1	1/2	1	1	1	1	»	5 1/2	1 50	8 25
Charrier, Eutrope	1	»	1/2	»	1/2	»	1/2	2 1/2	2	5
Favre, Jules	1	1	1	1	1	1	1	6	2 75	16 50
FEMMES.										
Mousson, Catherine	1/2	1	1	1	»	»	»	3 1/2	» 60	2 10
Laurent, Louise	1	1	1	1	1	1	1	7	» 75	5 25
Coindreau, Agathe	1/2	»	1	1	1	1	1	5	» 50	2 50
ENFANTS.										
Cai Cailleau, Jean	1	1	»	»	»	1/2	»	2 1/2	» 60	1 50
Laurent, Émile	1	1	1	»	1	1	»	5	» 50	2 50
Muller, Jules	1/2	1/2	1/2	1/2	1	1/2	1/2	4	» 60	2 40
TOTAUX . . .	9	9	9	7	9	8	4	55	»	68 37

U DE LA MAIN D'OEUVRE.

RÉPARTITION.

DÉSIGNATION des TRAVAUX.	BLÉ.	AVOINE.	SEIGLE.	PRAIRIES.	FOURRAGES.	RACINES.	MÉNAGE.	TOTAL DES JOURNÉES.
Lundi, tararé du blé, 4 jours 1/2 d'hommes, 2 j. de femmes et 2 j. 1/2 d'enfants.	4 1/2 2 2 1/2							9
Mardi, 4 j. 1/2 d'hommes et de femmes au jardin. 2 j. 1/2 d'enfants et 2 j. de femmes au seigle.			2 2 1/2				4 1/2	9
Mercredi, travaillé 5 jours d'hommes aux avoines; au jardin 2 j. 1/2 de femmes et 1 j. 1/2 d'enfants.		5					2 1/2 1 1/2	9
Jeudi, épierrement de la luzerne, 3 j. fem., 1/2 j. d'enf. Seigle, 3 j. 1/2 d'hommes.			3 1/2		3 1/2			7
Vendredi, épierré blé, 5 jours d'hom. au jardin, 2 j. fem. et 2 jours d'enfants.	5						22	9
Samedi, transp. de fumier, 4 j. d'hommes. Sarclé et biné racines, 4 jours.	4					4		8
Dimanche, répandu des cendres sur les prairies, 1 j. 1/2 d'hom., 2 j. de fem. et 1/2 j. d'enfants pour la lessive.				1 1/2			2 1/2	4
Répartition des quantités de journées aux cultures . . .	18	5	8	1 1/2	3 1/2	4	15	55
Répartition de la dépense aux comptes.	10.32	10	10.65	7.77	10.47	8.85	4.30	62.37

Il suffit de jeter un coup d'œil sur ce tableau pour en comprendre l'utilité et la manière de le tenir : sur le feuillet gauche des *journées*, une première colonne porte le nom et le prénom des ouvriers, suivie de sept autres indiquant les jours de *chaque semaine*, le *total des journées* pour les hommes, les femmes et les enfants employés à la ferme, le *prix* de ce qu'ils gagnent et la *somme totale* de ce qui est dû à chacun d'eux.

A la fin de la semaine on additionne ces chiffres horizontalement et verticalement, et s'il n'y a pas d'erreur, le total doit être le même dans les deux sens. — La répartition de ces journées est faite à la page droite, où se trouve indiqué le nom des cultures pour lesquelles on a travaillé. Il est bien évident que *cette répartition* des journées, à la charge des cultures, est nécessaire qu'autant qu'on se décide à ouvrir des tableaux à ces cultures ; mais si au contraire on n'a pas adopté ce système, toute cette partie droite du tableau peut être supprimée. *Cette observation ne sera pas répétée*, elle existe presque toujours pour tous les tableaux suivants. C'est au cultivateur a voir si pour sa tenue des livres, la partie droite lui est nécessaire et indispensable.

N° 3.   TABLEAU DES

JOURNÉES D'ATTELAGES.

NUMÉROS DES ATTELAGES.	LUNDI.	MARDI.	MERCREDI.	JEUDI.	VENDREDI.	SAMEDI.	DIMANCHE.	TOTAL DES JOURNÉES.	OBSERVATIONS.
Charrue n° 1	1/2	1	1	1	»	1	»	4 1/2	
Id. n° 2	1	3/4	1	1	1	»	»	4 3/4	
Id. n° 3	1	1	1	1	1	1	»	6	
Id. n° 4	1	1	»	1	1	»	»	4	
Id. n° 5	1	1	1	»	1	1	»	5	
Id. n° 6	1	1	1	1	1	1	1	7	
	5 1/2	5 3/4	5	5	5	4	1	31 1/4	

Nous le répétons ce tableau est facile à comprendre et il suffit de quelques minutes pour ins-

ATTELAGES.

RÉPARTITION.

TRAVAUX EXÉCUTÉS.	BLÉS.	AVOINES.	PRAIRIES.	FOURRAGES.	RACINES.	MÉNAGE.	MAGASIN.	DIVERS COMPTES.	TOTAL DES JOURNÉES.	OBSERVATIONS.
LUNDI : Labouré blé, 2 jours 1/2. Fauché du pré A, 3 jours	2 1/2		3						5 1/2	
MARDI : Avoine semée, 3 j. Pomme de terre, 2 j. 3/4		3			2 3/4				5 3/4	
MERCREDI : Luzerne coupée, 5 jours				5					5	
JEUDI : Fêté.										
VENDREDI : Fumier transporté		3		7					10	
SAMEDI : Bois abattu, 2 jours et transport de cendres, 2 jours				2			2		4	
DIMANCHE : Trèfle hersé				1					1	
	2 1/2	6	3	15	2 3/4	»	2	»	31 1/4	

crire les chiffres, si le teneur de livres a le soin
de tracer les entêtes à l'avance. C'est ainsi qu'on

pourra facilement voir, dans le premier sens ho-
rizontal, le nombre des journées de travail de
chaque charrue par semaine, et dans l'autre sens
vertical, le nombre des journées de travail de toutes
les charrues par jour. La répartition est de même
très sensible.

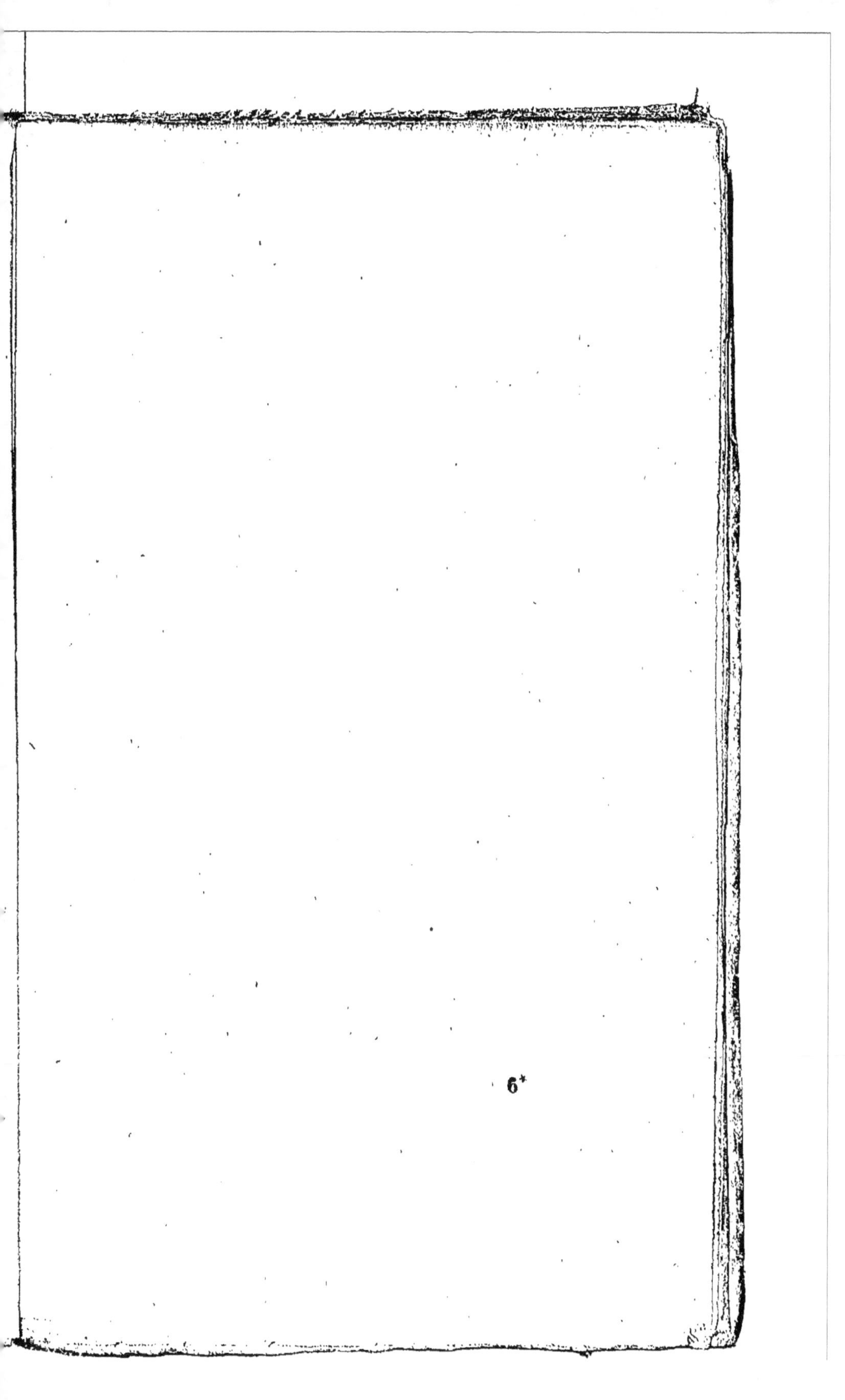

6*

N° 4. # TABLEAU DES FUMIERS

PRODUCTION DES FUMIERS.

MOIS et DATES.	PROVENANCES.	ECURIE.	VACHERIE.	BERGERIE.	BASSE-COUR.	ENGRAIS ACHETÉS.	QUANTITÉS.	OBSERVATIONS.
1858.								
Janvier 1er	Inventaire des fumiers	»	»	»	»	»	550a	
Idem 15	Fumier tiré des écuries et autres lieux ci-dessus.	27	30	12	7		76	
Février 3	*Idem*	50	25	10	15		100	
Mars 31	*Idem*	15	50	12	12		89	
Avril 20	*Idem*	15	30	15	50		110	
Mai 17	*Idem*	37	20	12	30		99	
Juin 30	*Idem*	15	27	7	20		69	
Juillet 20	*Idem*	30	15	20	50		115	
Août 31	*Idem*	27	10	8	5		50	
Septemb 30	*Idem*	42	50	12	30		134	
Octobre 20	*Idem*	37	25	15	7		84	
Novemb. 15	*Idem*	30	21	14	10		75	
Décemb. 31	*Idem*	50	50	50	10		160	
Totaux . . .		375	353	187	240		1711	
à fr. mètre cube.		2	2	2 50	2 50			
Francs.		750	706	467 50	615 00	2488	5026 50	

ET DE LEUR EMPLOI.

RÉPARTITION.

DESTINATIONS	CÉRÉALES			GRAINES ARTIFIC.es			Fourrages annuels.	RACINES				Plant. com.es		Prés.	QUANTITÉS.
	Blé.	Seigle.	Avoine.	Trèfle.	Sainfoin.	Luzerne.		Pom. de terre.	Navets.	Carottes.	Betteraves.	Colza.	Chanvre.		
Janvier 4, fumé 5 hect. betteraves et 5 hect. chanvre.	«	«	«	«	«	«	«	«	«	«	60	«	50	«	110
Février 8, fumé 25 hect. de blé et 10 hect. de colza.	25											40				65
Mars 12, fumé vesce, jaros.							63									63
Avril 10, fumé 5 h. sainfoin.					90											90
Sept. 5, fumé 15 hect. colza.												100				100
Octobre 21, fumé pommes de terre.								300								300
Novemb. 5, fumé luzerne, trèfle.				100		75										175
Décembre 20, fumé carottes et prés.										80					15	95
Totaux....	5	«	«	100	90	75	63	300	«	80	60	140	50	15		1028

Il reste en fosse 683

Total 1711

L'unité de volume pour le fumier est le mètre cube, et pour apprécier les quantités il faut connaître la contenance en mètres cubes des fosses et des voitures employées à la ferme. Quant à la forme du tableau, elle peut varier, seulement dans le nombre des colonnes, si l'on ne divise pas les fumiers. — Il faut avoir soin de reporter à l'inventaire, la quantité de fumier restant pour l'additionner avec le nouveau compte.

N° 5. TABLEAU DE LA CONS

Entrée : QUANTITÉS CONSOMMÉES.

MOIS et DATES.	PROVENANCES.	AVOINE.	FOIN.	PAILLE.	LUZERNE.	REGAIN.	BETTERAVES.	POMMES DE TERRE.	SON.	VERT.	PRIX.	SOMMES.
1858.		h.	q.	q.	q.	q.	k.	h.	h.	b.		
Janv. 1er	du Cte Avoine	30	»	»	»	»	»	»	»	»		
—	— Foin		10									
—	— Paille	»		30	»	»	»	»	»	»		
—	— Luzerne		»		30							
—	— Regain	»		»		300	»	»	»	»		
—	— Betteraves		»		»		300					
—	— Pom. de terr.	»		»		»		30	»	»		
—	— Son		»		»		»		30			
—	— Vert	»		»		»		»		30		
Janv. 15	— Avoine	40	»	»	»	»	»	»	»			
—	— Foin		30							»		
—	— Paille	»		30	»	»	»	»	»			
—	— Luzerne		»		30					»		
—	— Regain	»		»		300	»	»	»			
—	— Betteraves		»		»		300			»		
—	— Pom. de terr.	»		»		»		30	»			
—	— Son		»		»		»		30	»		
—	— Vert	»		»		»		»		30		
	Totaux. . .	70	40	60	60	600	600	60	60	60		
	à francs .	10	3	3	3	3 c.	6 c.	4	4	4		
		700	120	180	180	18 »	36 »	240	240	240		1954

OMMATION DU BÉTAIL.

RÉPARTITION OU SORTIE.

RÉPARTITION ENTRE LES COMPTES CONSOMMATEURS.		1re QUINZAINE.	2e QUINZAINE.	QUANTITÉS.	PRIX DE REVIENT.	SOMMES.	TOTAUX.
Attelages	Avoines	15	8	23	10	230	
	Foin	12	8	20	3	60	
	Paille	10	16	26	3	78	576
	Luzerne	12	18	30	3	90	
	Son	15	10	25	4	100	
	Betteraves	200	100	300	» 6	18	
Vacherie	Foin	14	6	20	3	60	
	Paille	12	8	20	3	60	
	Betteraves	150	150	300	» 6	18	458
	Son	10	10	20	4	80	
	Vert	30	30	60	4	240	
Troupeau	Regain	300	300	600	» 3	18	
	Luzerne	18	12	30	3	90	144
	Paille	5	7	12	3	36	
Basse-cour	Avoine	30	17	47	10	470	
	Paille	1	1	2	3	6	
	Pomm. de terr.	30	30	60	4	240	776
	Son	10	5	15	4	60	
							1954

Ce tableau ne présente aucune difficulté pour la vérification des totaux, bien qu'ils se composent d'unités différentes; d'hectolitres pour les avoines, de quintaux métriques pour les fourrages, de kilogrammes pour le son, de bottes pour les fourrages verts, etc.

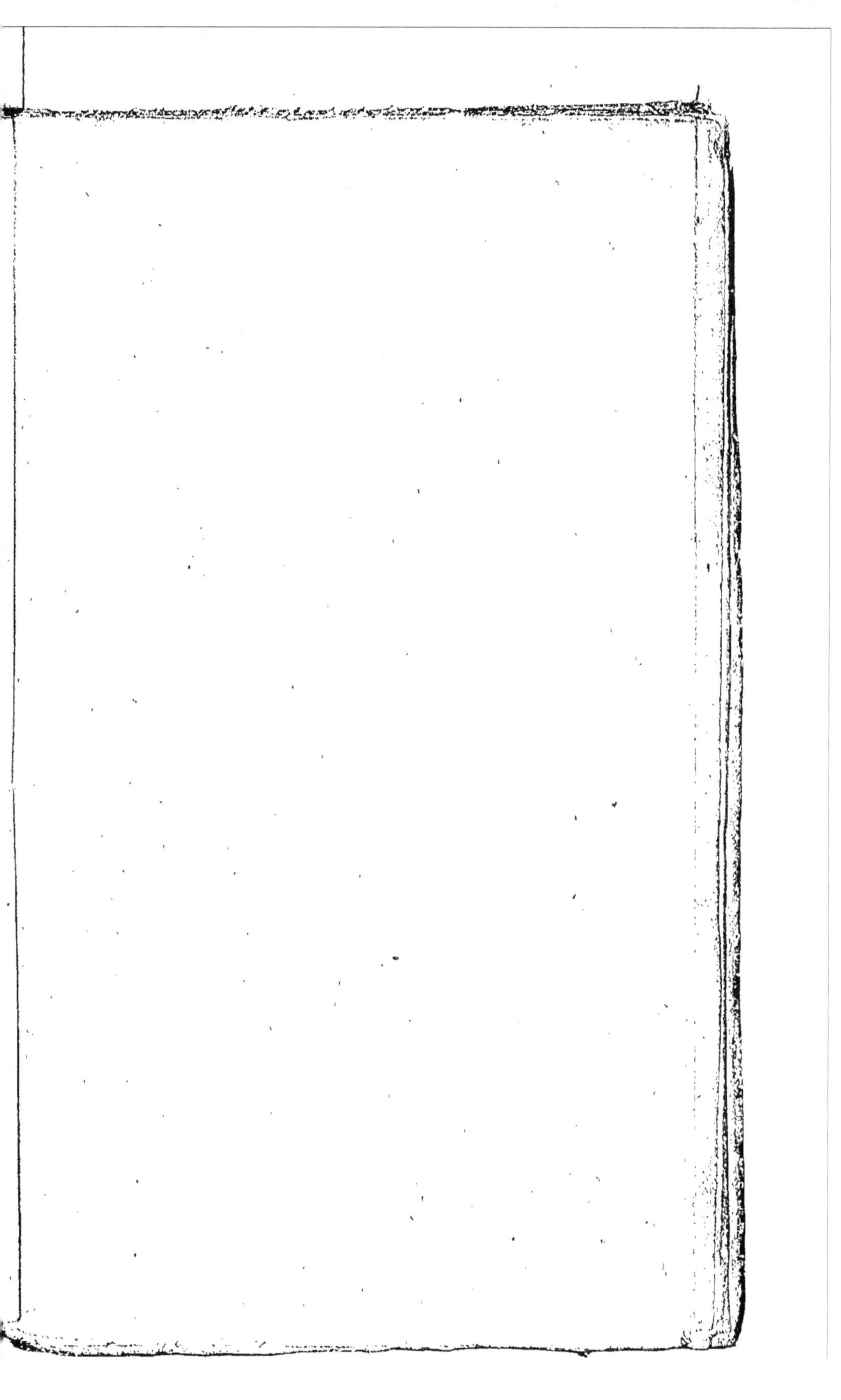

N° 6. TABLEAU DE LA CONSOM

Entrée : DÉPÔT DES PROVISIONS.

MOIS et DATES.	PROVENANCES	PAIN.	VIANDE.	POMMES DE TERRE.	LÉGUMES.	FROMAGE.	VIN.	BOISSONS.	BEURRE.	OEUFS.	DIVERS.	QUANTITÉS.	PRIX COURANT	SOMMES.
1859. Janv. 1er	Suiv. invent.º													
	Totaux . .													

Ce tableau est celui de la *consommation de la maison* qu'on peut varier suivant les besoins de la

MATION DE LA MAISON.

CONSOMMATION. *Sortie :*

MOIS et DATES.	NOMS des DENRÉES.	LUNDI.	MARDI.	MERCREDI.	JEUDI.	VENDREDI.	SAMEDI.	DIMANCHE.	QUANTITÉS.	PRIX.	SOMMES.
	Pain										
	Viande et lard										
	Pommes de terre										
	Légumes										
	Fromage										
	Vin										
	Boissons										
	Beurre										
	Œufs										
	Divers										
	Totaux . . .										

ferme. Dans la partie gauche, après la date, on
inscrit d'où provient la denrée qui entre, et l'on

en placerait le chiffre de quantité, tels que kilog., litres, barriques, ou douzaines, etc., dans la petite colonne intitulée du nom de cette denrée. La somme des quantités, le prix de chacune et le total.

A droite, après la date, et dans la colonne des jours, on place la consommation qui s'écoule chaque jour de la semaine ; la balance est ensuite facile à obtenir puisque l'on opère comme dans les tableaux qui précèdent.

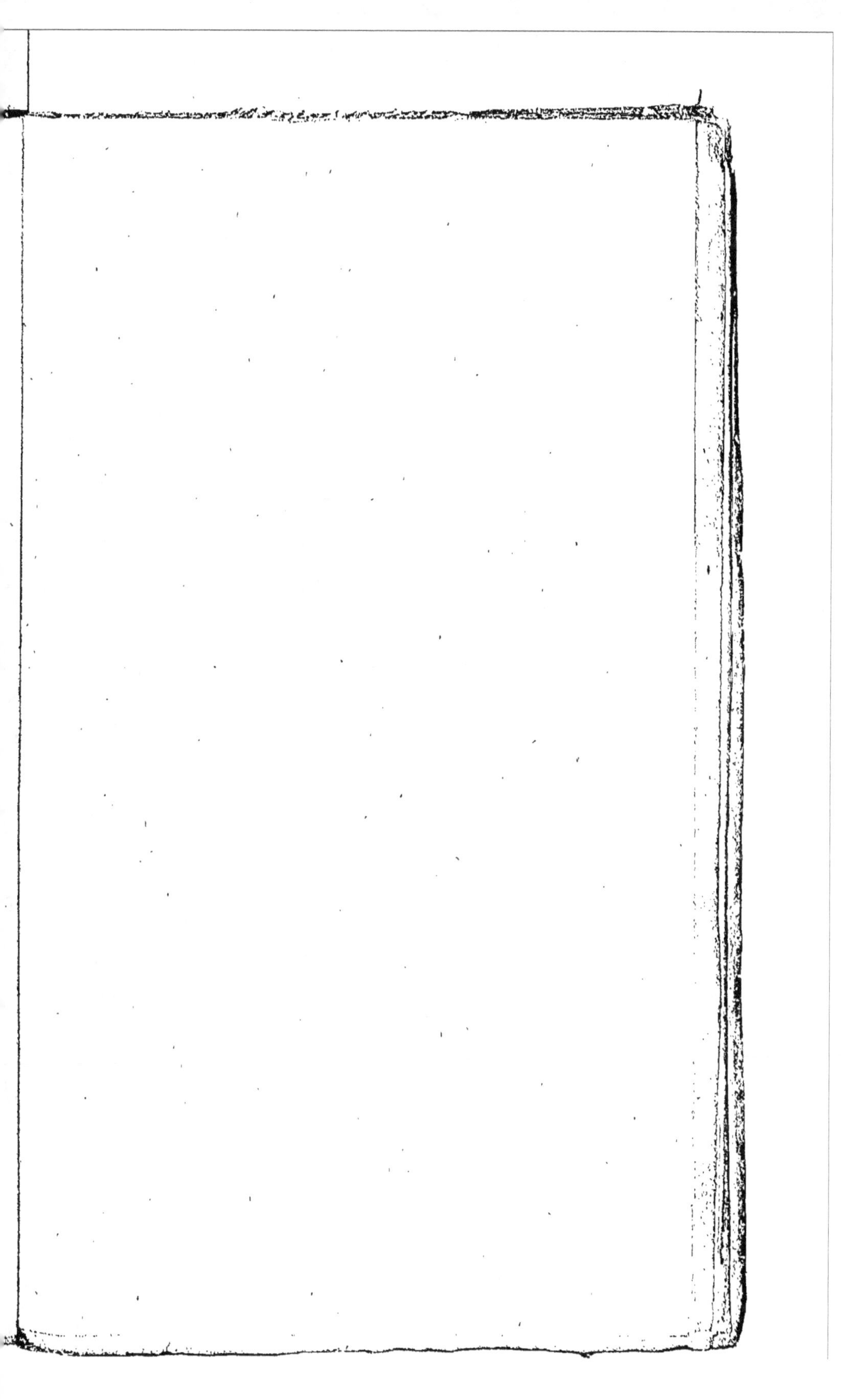

N° 7. TABLEAU DE

Entrée :

MOIS ET DATES.	NOMS et PROVENANCES.	NUMÉROS.	SIGNALEMENT — SEXE			AGE.	PRODUITS et accroiss.			QUANTITÉS.	QUALITÉS ET OBSERVAI.
			TAUREAUX.	VACHES ET GÉNISSES.	VEAUX.		VEAUX.	GÉNISSES.	LAIT.		
1859 janv. 1r	Suivant invent. Bœufs . . .	1				3 ans.					
		2				3					
		3				3					
		4				3					
		5				4					
		6				4					
	Vaches . . .	7				4					
		8				4					
		9				4					
		10				6 à 7 ans.					
		11				7 à 8					
		12				8 à 9					12
	1 Taureau . .					5					1
	2 Génisses . .					1 à 3 ans.					2
	2 Veaux . .					4 à 7 mois					4

On désigne sous le nom de *vacherie* tout le personnel de l'étable. A la page gauche ce compte porte en détail tous les animaux figurant sur l'inventaire d'entrée désignés sous leur nom ou par un numéro, et les autres reçoivent un numéro,

LA VACHERIE.

Sortie :

MOIS ET DATES.	DESTINATIONS.	VENDUS.	CONSOMMÉ.	SORTIES DIVERSES	QUANTITÉS.	OBSERVATIONS.

soit qu'ils entrent par achat, naissance, etc. La sortie est divisée de la même manière. Toutes les fois qu'il sort une bête, soit par vente, soit par mort ou consommation, on l'inscrit à la date.

N 8.   TABLEAU DE

Entrée :

MOIS ET DATES.	PROVENANCES.	NUMÉROS.	SEXE			AGE.	PRODUITS et ACCROISSEM.t			QUANTITÉS.	Qualités et Observations.
			BÉLIERS.	BREBIS.	MOUTONS.		MALES.	FEMELLES.	LAINES.		
1859 janv. 1ᵣ	Suivant inventaire										

Ce tableau est de la plus grande utilité pour le personnel du troupeau. On y met d'abord tous les animaux provenant de l'inventaire d'entrée avec un numéro d'ordre, on signale l'âge, le sexe et dès

LA BERGERIE.

Sortie :

MOIS ET DATES.	DESTINATIONS.	VENDU		CONSOMMÉ.	SORTIES DIVERSES	QUANTITÉS.	OBSERVATIONS.
		COMPTANT.	A TERME.				

qu'il entre un animal soit par achat, naissance ou autrement, on doit le porter à l'entrée. Le tracé de la page droite fait connaître facilement son utilité.

N° 9. TABLEAU DE L

Entrée :

MOIS ET DATES.	PROVENANCES.	PORCHERIE.	VOLAILLES			LAPINIÈRE.	PRODUITS et ACCROISSEM.^t	QUANTITÉS.	OBSERVATIONS.
			DINDONS.	CANARDS ET POULES.	PIGEONS				
1859 janv. 1ᵉʳ	Suivant inventaire								

Sur ce tableau on inscrit les animaux provenant
de l'inventaire et en détail si on le juge convenable. La ménagère a le plus grand intérêt à le

A BASSE-COUR.

Sortie :

MOIS ET DATES.	DESTINATIONS.	VENDU		CONSOMMÉ.	QUANTITÉS.	OBSERVATIONS.
		COMPTANT.	A TERME.			

consulter souvent. Les animaux vendus, consommés
ou morts, sont notés à la sortie.

N° 10.

TABLEAU D

Entrée :

MOIS ET DATES.	NOMS et SIGNALEMENT.	NUMÉROS.	AGE.	SEXE.	QUALITÉS.	QUANTITÉS.	OBSERVATIONS.
1859 janv, 1ᵉʳ	Suivant inventaire.						

Dès qu'il entre un animal nouveau, il faut le noter à gauche et signaler son sexe, son numéro, ses qualités, etc. Le tableau suivant les résume

E L'ÉCURIE.

Sortie :

MOIS ET DATES.	DESTINATIONS.	NUMÉROS.	AGE.	SEXE.	QUALITÉS.	QUANTITÉS.	OBSERVATIONS.

tous, et c'est au teneur de livres de voir le choix
qu'il doit faire.

N° 11.   TABLEAU DE TOUS LES

Entrée :

MOIS et DATES.	NOMS ou NUMÉROS et SIGNALEMENT.	ATTE-LAGES		BERGERIE			VA-CHER.		BASSE-COUR					TOTAL DES QUANTITÉS.
		Bœufs.	Chevaux.	Béliers.	Moutons.	Brebis.	Vaches.	Veaux.	Génisses.	Porcs.	Dindons.	Poules et Canards.	Pigeons.	
1859 janv. 1er	Suiv. inventaire.													

Ce tableau n° 11 résume les n°s 7, 8, 9 et 10,
et présente peut être une forme qui évite une trop
grande division ; mais tout ce qui a été dit touchant
la tenue des autres tableaux, s'applique à celui-ci.
L'addition des chiffres, placés à gauche et à droite,

ANIMAUX D'UNE FERME.

Sortie :

MOIS et DATES.	NOMS OU NUMÉROS et SIGNALEMETN.	ATTE-LAGES		BERGERIE			VA-CHER.		BASSE-COUR					TOTAL DES QUANTITÉS.
		Bœufs.	Chevaux.	Béliers.	Moutons.	Brebis.	Vaches.	Veaux.	Génisses.	Porcs.	Dindons.	Poules et Canards.	Pigeons.	

et additionnés *horizontalement* et *verticalement,* donne le même total.

N° 12.   AUTRES MODÈLES RELATIFS A L

VACHERIE.   PRODUCTION

NUMÉROS et NOMS DES VACHES.	LUNDI.	MARDI.	MERCREDI.	JEUDI.	VENDREDI.	SAMEDI.	DIMANCHE.	TOTAL.	TRAITE de la SEMAINE.	OBSERVATIONS.
1 Brunette : matin . .	2	1	2	2	2	1	2	12		
— soir . .	2	1	2	1	2	2	1	11	23	
2 Julie : matin . . .	2	2	1	2	2	1	1	11		
— soir . . .	2	2	2	2	2	2	2	14	25	
3 Jeanne : matin . .	1	1	2	1	2	2	2	11		
— soir . .	1	1	1	2	2	1	1	9	20	
4 La Noire : matin .	2	2	1	2	2	2	2	14		
— soir .	2	2	2	2	2	2	2	13	27	
	14	12	13	14	16	13	13	»»	95	

A VACHERIE ET A LA LAITERIE.

DU LAIT.   SORTIE.

| JOURS de la SEMAINE. | | LAIT | | FROMAGE | | BEURRE | | QUANTITÉS. | OBSERVATIONS. |
		CONSOMMÉ.	VENDU.	CONSOMMÉ.	VENDU.	CONSOMMÉ.	VENDU.		
Lundi . .	recueilli 14 litres	4	4	1	1	4	»	14	
Mardi . .	12	2	4	2	»	3	1	12	
Mercredi .	13	3	3	2	»	4	1	13	
Jeudi . .	14	3	4	2	»	4	1	14	
Vendredi .	16	4	4	4	1	2	1	16	
Samedi. .	13	3	4	3	»	3	»	13	
Dimanche .	13	2	4	»	»	5	2	13	
		21	27	14	2	25	6	95	
Prix . . .									

N° 13.　　　　　　　　　TABLEAU DE L

PRODUCTION.

MOIS et DATES.	DÉSIGNATION.		OEUFS.	QUANTITÉS.		OBSERVATIONS.
1859 Janvier 1er	Suivant inventaire. Poules . . . . Coqs . . . . Canards . . . . Canes. . . . Dindons . . . . Porcs. . . . Pigeons					

A BASSE-COUR.

SORTIE.

DATES.	SORTIES.	POULES.	COQS.	CANARDS.	CANES.	DINDES.	PORCS.	PIGEONS.	OEUFS.	QUANTITÉS.	OBSERVATIONS.

N° 14.   TABLEAU D

Doit :   CHAMP DU D

MOIS et DATES.	DÉSIGNATION des TRAVAUX DES CHAMPS.	ENGRAIS.	LABOURS.	SEMENCES.	HERSAGE.	MAIN-D'OEUVRE.	DIVERS.	QUANTITÉS.	OBSERVATIONS.

Doit :   PIÈCE DU CHEMIN D

On voit qu'on peut multiplier ces tableaux en raison des différentes terres que comprend la ferme, tels sont les champs, les prés, les vignes,

ES CHAMPS.

ORIN. Nº 1. *Avoir :*

MOIS et DATES.	RÉCOLTES OBTENUES	QUANTITÉS	OBSERVAT.

E LA CROIX. Nº 2. *Avoir :*

les bois, les jardins et autres. On porte à gauche
tous les articles qui entrent pour ainsi dire dans le
champ, comme fumiers, labours, semences, tra-

vaux, etc.; puis à droite, au moment des récoltes, on porte celles qu'on obtient. Il est aisé de voir que le premier titre convient à tous les tableaux,

N° 15.   TABLEAU DE

Doit :   M. BOISDON, CULTIVATEUR A

Doit :   M. CHEVALIER, MARCHAND

Les tableaux n° 15 ouvrent des comptes à tous les individus particuliers avec lesquels on fait des affaires; mais on peut aussi en ouvrir à des clases d'individus, sous la dénomination collective de débiteurs divers, de créanciers divers, de fournisseurs, d'ouvriers, de journaliers, de domestiques, au peret qu'il suffit de mettre seulement le nom, le n° et le mot *doit* ou *avoir*.

S COMPTES.

LA MOTTE-SAINTE-HERMINE. *Avoir :*

DE CHEVAUX A LAGRANGE. *Avoir :*

cepteur, à l'instituteur, au vétérinaire, au charron, au maréchal, à tous les instruments aratoires, etc. Tous ces comptes sont tenus par débit et par crédit et font partie de la tenue des livres (Voir brouillard, journal et grand-livre.

N° 16. TABLEAUX DES DÉPENSES

N° 16. FROMENT.

DATES.	SEMENCES.	CONSOMMA-TION.	VENTE.	OBSERVATIONS.
1859	hectolitres	hectolitres.	hectolitres.	
janvier 1er	»	»	»	
~	3	»	11	3 hectol. semailles. Pièce n° 2.
— 3 etc.	»	5	»	3 hectol. portés au moulin pour les ouvriers et 2 pour la maison.

EN NATURE ET EN ARGENT.

N° 18. DÉPENSES EN ARGENT.

DATES.	VERSEMENTS.	IMPOSITIONS.	FERMAGES.	NOURRITURE.	GAGES.	JOURNÉES.	TACHES.	OBSERVATIONS.
1859 janvier 1er. — 2 — etc.	fr. c.	fr. c.	fr. c.	fr. c.	fr. c.	fr. c.	fr. c.	

N° 17. AVOINE.

DATES.	SEMENCES.	CONSOMMATION.			VENTE.	OBSERVATIONS.
		CHEVAUX	TROUPEAUX	VOLAILL.		
1859 janvier 1er	hectolitres.	hect.	hectolitres	hectol.	hectol.	

Le n° 16, montre un tableau assez grand pour pouvoir y inscrire toute la dépense en nature durant le mois. Les douze tableaux réunis et leur somme montrent tout ce qu'on a dépensé en nature pendant l'année. On peut en ouvrir de semblables pour le seigle, l'orge, le maïs, etc. Ces tableaux sont tous les mêmes. Les dépenses en argent sont indiquées dans les deux tableaux 18 et 19. Suivant les cas on peut restreindre ou multiplier les colonnes.

N° 19. DÉPENSES EN ARGENT.

DATES.	VERSEMENTS.	MATÉRIEL.	HARNAIS.	BESTIAUX.	VÉTÉRINAIRE.	DÉPENSE ACCIDENTELLES.	OBSERVATIONS.
1859 janvier 1er.	fr. c.	fr. c.	fr. c.	fr. c.	fr. c.	fr. c.	

BILAN OU INVENTAIRE GÉNÉRAL
DE
CHAGNEAU, PROPRIÉTAIRE-CULTIVATEUR A LAGRANGE,
Arrêté le 31 décembre 1859.

ACTIF (1).	fr.	c.	PASSIF.	fr.	c.
Ma propriété . . .	»	»	A M. Gilbert, propriét.	»	»
Bœufs	»	»	Au percepteur . . .	»	»
Vaches	»	»	A l'instituteur. . .	»	»
Génisses	»	»	Au vétérinaire . .	»	»
Juments	»	»	Au charron . . .	»	»
Moutons . . .	»	»	Au maréchal . . .	»	»
Porcs	»	»	A Jean Sureau, meu-nier	»	»
Basse-cour . . .	»	»			
Ustensiles aratoires .	»	»	A Pierre, domestique	»	»
Meubles meublans .	»	»	A Louis, —	»	»
Récoltes en magasin.	»	»	A Joseph, —	»	»
Fourrages-racines .	»	»	A Claude, —	»	»
Foin	»	»	A Thérèze, —	»	»
Pailles	»	»	A Louise, —	»	»
Engrais	»	»	A Julie, —	»	»
Blé en terre . . .	»	»	A Amélie, —	»	»
Seigle	»	»	A Léonie, —	»	»
Colza	»	»	A Chapuit, marchand de chevaux . . .	»	»
Trèfle	»	»			
Argent en caisse . .	»	»	A Mousseau, marchand de vin . .	»	»
Total de l'actif, ci.	»	»	A Riffaud, cultivateur	»	»
Total du passif, ci.	»	»	A Belloir, tailleur. .	»	»
Capital net . . .	»	»		»	»

(1) Voir page 114.

Tels sont nos considérations élémentaires de notre *Tenue des Livres Agricole*; nous terminerons par les conseils suivants de M. Delassart qui a été pour nous un guide dans le supplément que nous avons ajouté à notre premier travail.

« Nous engageons les cultivateurs et les fermiers,
» qui ont des exploitations, à employer, pour bien
» se tenir au courant de leurs affaires, de leurs
» produits et de leurs rendements, les utiles pra-
» tiques de la comptabilité agricole et des tableaux
» qu'elle comporte ; cette comptabilité qui paraît
» compliquée en théorie, est excessivement simple
» et d'une application facile, claire et exacte. Avec
» son aide, on suit dans la fabrique agricole, car
» c'en est une, les transformations successives qui
» subissent les matières, les semences, les planta-
» tions, les engrais, les bestiaux, les récoltes di-
» verses, et on arrive à mettre en balance les
» capitaux, les labeurs et les résultats.

» Une comptabilité agricole bien tenue est la
» meilleure garantie de l'ordre qui produit la
» prospérité. »

TABLE DES MATIÈRES

DE LA COMPTABILITÉ COMMERCIALE.

PREMIÈRE PARTIE.

TABLE DES MATIÈRES

POUR LA COMPTABILITÉ AGRICOLE.

DEUXIÈME PARTIE.

NOUVELLES PUBLICATIONS
DE FONTANIER,
Éditeur à Saintes (Charente-Inférieure).

BIBLIOTHÈQUE UTILE.

GUIDE DES FAMILLES
Pour le Choix d'un Etat,

Ouvrage divisé en quatre parties distinctes, indiquant les professions qui se rattachent à l'Agriculture, au Commerce, à l'Industrie et aux Professions libérales,

Par Ch. Dolivet,

Instituteur du degré supérieur, auteur de plusieurs ouvrages sur l'enseignement.

4 beaux volumes in-12. — Prix : 6 fr., et *franco* par la poste, 7 fr. 20.

Chaque partie se vend séparément : 1 fr. 50, et par la poste, 1 fr. 80.

———

Aux Familles et à la Jeunesse,
POUR LE CHOIX D'UN ÉTAT.

Que les familles ne s'écartent jamais de ce principe, que le choix d'un état pour leurs enfants doit être pour elles, pendant quelque temps, une préoccupation qui demande les plus sages réflexions.

Du choix d'un état, en effet, n'est-ce pas décider le bonheur à venir des êtres qui nous sont les plus chers.

« La responsabilité de la famille est d'autant plus « grande, que l'enfant ne peut guère influer sur cette « décision, à laquelle il est pourtant si fortement inté- « ressé : ce dernier acte de l'autorité absolue du père et « de la mère pèsera sur toute son existence. S'il est ac- « compli avec la gravité que commande son importance, « il ouvrira au jeune homme une carrière honorable et « utile; si, au contraire, ce choix est fait avec précipita- « tation et inintelligence, il peut devenir pour lui la « source des plus grands maux (LENEVEUX, *Choix d'un* « *état*). » Nous engageons la jeunesse des écoles à lire nos ouvrages, dont le prix modique permet à tous de les avoir, et les familles à consulter notre travail, afin de se rendre compte des dépenses qu'exigent les études, celles que demandent l'instruction professionnelle, le temps à y employer et l'avenir enfin que pourra se faire le jeune homme qui aura réussi dans la profession qu'il lui plaira de choisir.

1re Partie : AGRICULTURE.

Un beau volume in-12, orné de gravures. — Prix : 1 fr. 50.

Extrait des Articles traités dans le premier volume :

Aux Familles et à la Jeunesse pour le choix d'un état. — Des Écoles communales. — Avantages de l'Instruction primaire. — Le Travail agricole et le Travail industriel. — Conseils aux jeunes Cultivateurs. — Fermes-Écoles.

Petit Cours général d'Agriculture à l'usage des écoles primaires.

Avertissement. — Agriculture. — Principes élémen-

taires d'Histoire naturelle. — Botanique. — Connaissance du sol. — Amendements et stimulants. — Engrais. — Assainissement. — Irrigation. — Physiologie
végétale. — Amendements et Engrais. — Préparation
du sol. — Instruments aratoires. — Labour. — Repro-
duction des plantes. — Cultures. — Plantes fourragères. — Prairies naturelles. — Des Assolements. — Arbres fruitiers et forestiers. — Animaux domestiques en
général. — Économie du bétail. — Race chevaline. —
Du Bétail. — De la Comptabilité agricole.

2me Partie :

LE COMMERCE,

Un beau volume in-12. — Prix : 1 fr. 50.

Extrait des Articles traités dans le deuxième volume :

Aux Familles et à la Jeunesse pour le choix d'un état.
— Introduction. - Générosité et bonne foi.— Commerce.
— Conseils aux Familles. — Des différens Commerçants.
— Des Sociétés commerciales. — Professions commer-
ciales. — Des qualités essentielles au Commerçant. —
Connaissances nécessaires au Commerçant. — Marchand
en détail. - Négociant. — Institutions relatives au com-
merce. — École générale du commerce. — Armateur.
— Commissionnaire en marchandises. — Commission-
naire de roulage. — Agent de change. — Courtiers et
Coulissiers. — Banquier. — Manufacture et Manufactu-
rier. — École centrale des arts et manufactures. —
Tenue des Livres en partie simple et partie double.

3ᵐᵉ Partie.

L'INDUSTRIE,

Un beau volume in-12. — Prix : 1 fr. 50.

Extrait des Articles traités dans le troisième volume :

Aux Familles et à la Jeunesse pour le choix d'un état. — Artisan. — Apprentissage. — Loi relative aux Contrats d'apprentissage. — Contrat d'apprentissage (formule). — Certificat d'apprentissage (formule). — Lois relatives au travail des enfants dans les manufactures, usines ou ateliers. — Du livret. — Lois sur les Livrets d'Ouvriers des deux sexes. — Réglement sur la forme, la tenue et la délivrance des livrets. — Sociétés de Secours Mutuels. — Caisses d'épargnes. — Caisses de retraites. — Brevet d'invention. — Écoles impériales d'arts et métiers en France. — Les Gobelins. — Cours du Conservatoire d'arts et métiers de Paris.

Dictionnaire des Professions par ordre alphabétique.

1º Alimentation, - 2º Habillement ; - 3º Bâtiment ; - 4º Industrie de transport ; - 5º États de luxe ; - 6º Autres états ; - 7º Industrie relative aux lettres, aux sciences et aux arts ; - 8º Arts utiles ; - 9º Les Compagnons du tour de France.

4ᵐᵉ Partie.

PROFESSIONS LIBÉRALES,

Un beau volume in-12. — Prix : 1 fr. 50.

Extrait des Articles traités dans le quatrième volume :

Aux Familles et à la Jeunesse pour le choix d'un état. — Les Professions. — Études secondaires. — Académies.

— Lycées et Colléges, etc. — Baccalauréat, Réglements pour les examens et les dépenses qu'ils exigent.

PROFESSIONS LIBÉRALES.

Droit.

Facultés de droit, admission, grades. — Avocat. — Avoué. — Notaire. — Greffier. — Huissier. — Commissaire-priseur. — Juge de paix. — Magistrat.

Médecine.

Facultés de Médecine, admission, grades. — Chirurgien militaire. — Considérations générales sur la profession de Médecin. — Médecine vétérinaire. Écoles et admission. — Vétérinaire militaire.

Armée, Génie et Marine.

État militaire. — Appel au sort. — Remplacement militaire. — Engagement volontaire. — Admission aux Écoles impériales militaires. — Prytanée impériale de la Flèche. — École de Cavalerie à Saumur. — Saint-Cyr. — École polytechnique. — Écoles d'application.

Fonctions des différents Corps de l'Armée.

Infanterie. — Cavalerie. — Gendarmerie et Garde impériale. — Génie militaire. — Artillerie. — Solde des troupes, Avancement, etc. — Génie. - École centrale des arts et manufactures. — École d'application des Ponts-et-Chaussées, - des Mines, - des Mineurs de Saint-Étienne, - impériale forestière (Nancy). — Marine, recrutement. — École navale, - d'Hydrographie. — École d'application du Génie maritime au port de Lorient. — École d'Artillerie de Marine à Brest, à Toulon et à Lorient. — Autres Écoles. — Commissariat de la Marine.

Théologie.

Facultés de Théologie. — De l'ordre et des études. —

De la vocation à l'état ecclésiastique et des dispositions qu'il faut y apporter.

ENSEIGNEMENT.

Instruction primaire.

Instituteur et vocation. — Écoles normales primaires. — Décret sur les Écoles communales.

Enseignement secondaire. — Professorat.

École normale supérieure. — Colléges communaux (personnel). — Lycées (personnel). — Considérations générales sur les Professions du ressort de l'enseignement.

ADMINISTRATION.

Des Fonctionnaires publics. — Contributions directes, - indirectes. — Douanes. — Enregistrement. — Direction des postes. — Vérificateur des poids et mesures. — Administration des télégraphes. — Chemins de fer, Employés.

Le PÉTITIONNAIRE UNIVERSEL,

Contenant des modèles de pétitions adressées à L. M. l'Empereur et l'Impératrice, aux Ministres, au Sénat, au Corps législatif, aux Préfets et aux Membres des tribunaux, Directeurs des postes et à toutes les administrations, etc., feuilles de formules d'actes usuels sous-seings privés,

Par Ch. DOLIVET,

INSTITUTEUR DU DEGRÉ SUPÉRIEUR, DIRECTEUR DU *Cultivateur.*

Un beau volume in-12. — Prix : 1 fr. 50.

Ce livre est indispensable à tout le monde, parce qu'à chaque instant on peut avoir une pétition, une demande ou autre à adresser à l'Empereur, à ses Ministres, aux Préfets ou Sous-Préfets, à MM. les Maires, etc. Cet ouvrage se divise en deux parties : la première comprend des pétitions de toutes sortes, la seconde comprend les formules de tous les actes les plus usuels.

Extrait des Articles traités dans cet ouvrage :

De la pétition. — Du cérémonial d'une pétition.

PREMIÈRE PARTIE.

Maire, Adjoint. — Demande d'un alignement. — Demande d'un permis de chasse ; - *idem* d'un extrait d'un acte de l'état civil. — Envoi de pièces pour préparer l'acte de mariage de l'état civil. — Demande pour être autorisé à placer une enseigne ; - *idem* pour avoir l'autorisation d'établir une fabrique ou manufacture ; - *idem* pour contraventions aux règlements de police. — Acte de dévouement. — Accident. — Attroupement. — Boissons falsifiées.

Formules des Actes les plus usuels de la compétence des Maires, Adjoints, Gardes champêtres et autres.

Certificat de bonnes vie et mœurs ; - *idem* d'un Maire à l'un de ses administrés. — Légalisation de signatures. — Déclaration d'établissement de domicile ; - *idem* de changement de domicile. — Certificat de résidence, relatif à l'inscription électorale. — Procès-verbal pour contravention chez un cabaretier. — Procès-verbal pour poids et mesures. — Procès-verbal pour contravention d'alignement.

Gardes champêtres.

Procès-verbaux : Abeilles, formule ; - Incendie, formule ; - Aliénés, formule ; - Morts, formule ; - Arbres, formule ; - Bestiaux, formule ; - Dégradation, formule. — *Actes de l'État civil.* — Instruction.

Administration.

Préfets, Sous-Préfets et autres. — Demande pour être déchargé de la contribution foncière; - *idem* réduction d'impôts; - *idem* d'une place de concierge; - *idem* pour réparer une maison située sur une grande route. — Demande d'un alignement; - *idem* pour une diminution de contribution personnelle; - *idem* d'un permis de chasse; - *idem* pour être déchargé de la contribution mobilière; - *idem* d'une distillerie de bouilleur (*fabricant d'eau-de-vie*); - *idem* d'une imprimerie; - *idem* au sujet de l'impôt des portes et fenêtres; - *idem* pour le paiement d'un mémoire; - *idem* d'une place; - *idem* pour obtenir la restitution d'un enfant; - *idem* d'un délai pour le paiement d'une amende; - *idem* d'une succession que le domaine possède à titre de déshérence. — Demande d'un bureau de tabac; - *idem* d'une place de garde forestier; - *idem* d'une permission de mariage à un général pour un soldat; - *idem* de congé pour un militaire.

Direction des Postes.

Directeur général des postes. — Demande pour être facteur de la poste; - *idem* pour une lettre égarée.

Membres des Tribunaux.

Juge de paix, Avocat, Avoué, Notaire, Huissier, Présidents et Procureurs impériaux et autres fonctionnaires. — Demande d'un délai de paiement en justice; - *idem* à un avocat; - *idem* autre; - *idem* à un avoué pour lui réclamer des pièces; — *idem* à un notaire, relativement à une liquidation dans laquelle on a des droits. — Lettre à un huissier accompagnant un envoi de pièces avec ordre de poursuivre. — Demande d'une femme mariée pour obtenir une autorisation en l'absence de son mari. — Demande en séparation de corps. — Plainte relative à un vol; - *idem* pour banqueroute frauduleuse.

Ministère et Ministres.

Ministère d'État et de la maison de l'Empereur. — Demande pour obtenir un emploi à la manufacture des Gobelins. — Demande d'audience particulière à un Ministre.

PÉTITION

Au Sénat ; - au Corps législatif. — Demande d'une diminution d'impôts sur.....

Ministère de la Justice.

Demande pour violation de domicile et arrestation illégale. — Plainte contre un maire. — Demande de permission de visiter un détenu. — Plainte contre une arrestation non justifiée.

Ministère des Affaires étrangères.

Demande d'un passeport pour l'étranger ; — *idem* d'intervention.

Ministère de la Guerre.

Une veuve au ministre de la guerre. — Demande de retenue sur la solde d'un militaire ; - *idem* de secours d'argent par une veuve de militaire ; - *idem* de permission pour se marier par un officier en activité de service. — Demande d'admission à l'hôtel des Invalides.

Ministère de la Marine et des Colonies.

Demande d'une indemnité ; - *idem* du passage gratuit en Algérie sur un bâtiment de l'État , après concession de terrain.

Ministère de l'Intérieur.

Demande d'une récompense pour un procédé, une découverte, une invention utile. — Demande d'un établissement d'usine ; - *idem* d'un brevet d'invention ; - *idem* d'un prolongement de brevet. — Plainte contre l'arrêté d'un préfet.

Ministère des Travaux publics.

Demande d'un brevet de perfectionnement et autorisation d'appliquer une découverte.

Ministère de l'Instruction publique et des Cultes.

Demande d'un auteur pour l'approbation d'un ouvrage.

Ministère des Finances.

Demande au Ministre de faire connaître, etc.; - *idem* d'une place.

Famille impériale.

Des pétitions à présenter à l'Empereur, à l'Impératrice et aux autres Membres de la famille impériale. — Moyen de faire parvenir une pétition à l'Empereur et aux autres Membres de sa famille. — Lettres aux membres de la famille impériale. — Lettres adressées à l'Impératrice. — Lettres adressées à l'Empereur.

DEUXIÈME PARTIE.

Formules d'Actes usuels, sous-seings privés, etc.

Modèle de quittance; - *idem* d'une somme reçue; - *idem* d'un à-compte pour mémoire. — Quittance d'arrérages de rentes; - *idem* de loyer. — Reconnaissance; - *idem* solidaire de deux personnes; - *idem* du mari et de la femme. — Factures et Mémoires. — Certificat d'apprentissage; - *idem* à une domestique. — Autre certificat.

Achats et Ventes.

Formule d'un contrat de vente de marchandises. — Vente d'un cheval; - *idem* d'une maison et d'un jardin par le mari et la femme; - *idem* d'un fonds de commerce; - *idem* d'objets mobiliers et marchandises. — Formule de cession de créance; - *idem* de rente.

Procuration-Mandat.

Procuration pour toucher une somme due ; - *idem* à l'effet d'acquérir ; - *idem* pour recevoir des loyers et fermage ; - *idem* pour régler un compte.

Transport.

Transport de créance.

Baux.

Bail d'une maison. — Sous-bail d'un principal locataire. — Bail d'appartement ; - *idem* d'une boutique ; - *idem* d'un bien rural. — Cautionnement d'un bail. — Bail à cheptel simple. — Formule d'une continuation de bail. — Formule de congé donné à un locataire. — Décharge d'une remise de clefs. — Acceptation d'un congé. — Modèle d'un état des lieux. — Résiliation de bail.

Testament.

Testament olographe. — Autre formule. — Testament mystique. — Bornage. — Formule de bornage ; - *idem* d'un devis et marché relatifs à une construction. — Louage d'ouvrage et d'industrie.

Des Lois.

Lois relatives aux procurations ; - *idem* aux ventes ; - *idem* aux transports ; - *idem* aux baux ; - *idem* aux testaments ; - *idem* aux obligations ; - *idem* aux cautionnements ; - *idem* aux vices redhibitoires. — Théorie du bornage.

LE NOUVEL ÉCRIVAIN PUBLIC,

Ou Traité de Correspondance pour tous les besoins,

UN BEAU VOLUME IN-12. — PRIX : 1 FR. 50.

Ce livre est le corollaire de celui qui précède ; il traite du style épistolaire et contient des modèles de lettres, de compliments de bonne année, de fêtes, lettres de félicitation, d'invitation, de consolation et de condoléance, d'excuses et de pardon, de remercîments, de demandes, de recommandation, de conseils, de reproches et de plaintes, lettres de famille, de politesse, d'adieu, de faire part, lettres sérieuses et morales, d'amour, familières et badines, enfin une correspondance commerciale.

MÉTHODE FACILE

DE

TENUE DE LIVRES

OU

Traité simplifié de Comptabilité commerciale,

CONTENANT :

Des exercices sur les Factures, les Lettres de Voitures, les Connaissements, etc., etc., et un Livre de Comptes-courants qui permet de supprimer le Grand-Livre et d'abréger de beaucoup les Écritures; à l'usage des Commerçants, des Industriels et des Écoles primaires,

PAR CHARLES DOLIVET,

Instituteur du degré supérieur et Directeur du journal le **Cultivateur** (Charente-Inférieure).

TROISIÈME ÉDITION, augmentée d'une Comptabilité agricole pour les Propriétaires et les Cultivateurs.

UN BEAU VOLUME IN-12. — PRIX : 1 FR. 50, PAR LA POSTE, 1 FR. 80.

Cette Tenue de Livres se divise en trois parties principales : la première comprend les factures ; la deuxième, les lettres de voiture et les connaissements ; la troisième, la manière de tenir un brouillard, un journal et un grand-livre.

Enfin, pour éviter de nombreuses écritures, l'auteur

donne le modèle de la tenue d'un livre où le débit et le crédit de chaque vente se trouvent à la même page, ce qui offre toutes les facilités possibles pour balancer et solder toutes espèces de comptes. Il y a joint aussi des modèles de livres auxiliaires, des modèles d'inventaire, de répertoire, des effets de commerce et de lettres de correspondance commerciale. Cet ouvrage est d'une incontestable utilité pour les *commerçants*, *industriels*, *propriétaires*, etc., et toutes les personnes qui veulent tenir un compte exact de leur position.

Un grand nombre d'instituteurs primaires ont aussi adopté cet ouvrage, en introduisant dans leur enseignement cette branche d'études si utile, et qui avait été trop négligée jusqu'à présent.

EXTRAIT DES ARTICLES TRAITÉS DANS CET OUVRAGE :

1re PARTIE. — DE LA COMPTABILITÉ COMMERCIALE.

Factures. — Exercices. — Lettres de voiture. — Connaissement. — Tenue de Livres. — Analyse des Comptes. — Brouillard. — Journal. — Grand-Livre. — Du Livre de Caisse. — Carnet d'échéance. — Livre de magasin. — Balance. — Répertoire. — Modèles de Comptes courants. — Effets de commerce. — Correspondance.

2me PARTIE. — DE LA COMPTABILITÉ AGRICOLE.

Cours de Comptabilité agricole à l'usage de tous les Cultivateurs. — Nécessité d'une Comptabilité agricole. — De la Comptabilité agricole. — Actif et Passif. — Tenue des Livres : N° 1. Tableau d'entrée et de sortie des produits. - N° 2. *Idem* des journées ou de la main-d'œuvre. - N° 3. *Idem* des attelages. - N° 4. *Idem* des fumiers et de leur emploi. - N° 5. *Idem* de la consommation du bétail. - N° 6. *Idem* de la consommation de la maison. - N° 7. *Idem* de la vacherie. - N° 8. *Idem* de la bergerie. - N° 9. *Idem* de la basse-cour. - N° 10. *Idem* de l'écurie. - N° 11. *Idem* de tous les animaux d'une ferme. - N° 12. *Idem* de la vacherie et de la laiterie. - N° 13. *Idem* de la basse-cour. - N° 14. *Idem* des champs et autres. - N° 15. *Idem* des comptes particuliers. -

Nᵒˢ 16 et 17. *Idem* des dépenses en nature. — Nᵒˢ 18 et 19. *Idem* des dépenses en argent. — Inventaire. — Conclusion.

SOUS PRESSE :

Nouveaux COMPTES FAITS DE BARÊME
En francs et centimes.

UN BEAU VOLUME IN-12.

Ce livre renferme la théorie des premières opérations de l'arithmétique, les comptes faits depuis un centime jusqu'à 506 fr. la chose. Une seconde partie donne les comptes faits pour la paie des journées des ouvriers, depuis 25 centimes la journée jusqu'à 10 francs.

NOUVEAU

MANUEL DE L'ESCOMPTE.

UN BEAU VOLUME IN-12.

Ce volume renferme la théorie de l'escompte, les explications pour connaître le nombre de jours de chaque mois de l'année, les différens taux de l'escompte, etc., et les comptes faits et intérêts de tout capital, depuis un jusqu'à 366 jours.

Cet ouvrage est utile aux négociants, banquiers, commerçants, trésoriers, comptables et généralement à tous les employés qui s'occupent de finances.

Nouveau Manuel du Métrage, Cubage des solides et des bois,

Un beau volume in-12, avec une belle planche lithographiée,

Contenant l'exposition du système légal des poids et

mesures, les principes élémentaires de géométrie appliquée à la mesure des surfaces et aux volumes des corps, suivis de comptes faits pour mesurer les bois carrés, les bois en grume, etc.

Ouvrage indispensable à tous les ouvriers qui s'occupent de travaux de construction, marchand de bois, de pierres, etc., etc.

L'IMMENSE TRÉSOR

DES SCIENCES ET DES ARTS

OU LES SECRETS DE L'INDUSTRIE DÉVOILÉS,

Contenants plus de 672 Recettes et Procédés inédits,

PAR J.-P. CHEVALIER,

Pharmacien-chimiste à Amiens,

Ancien élève des écoles de Paris, des hôpitaux de première classe, ex-professeur de géographie et de mathématiques, membre de l'Académie impériale des sciences, inscriptions et belles-Lettres du Gard, de la commission permanente du congrès médical de France, de la société de géographie de Paris, de celle d'encouragement pour l'industrie nationale, de la société linnéenne de Bordeaux, des sciences chimiques, physiques et arts, agricoles et industriels de France, et de plusieurs autres sociétés de pharmacie, littéraire et scientifique,

SUIVI

DU BON CONSEILLER A LA MAISON

Contenant la formule de tous les actes sous-seings privés et les droits d'enregistrement, la taxe des honoraires dus aux officiers ministériels, la taxe due aux notaires, huissiers, avoués, avocats, greffiers ; les métaux

et matériaux employés dans la construction des bâtiments, et des formules diverses.

NEUVIÈME ÉDITION, *revue, corrigée et considéra-
blement augmentée.*

Un beau volume in-8º, couverture imprimée. — PRIX : 5 fr.
et par la poste, 5 francs 50 centimes.

HUIT ÉDITIONS

De cet ouvrage, tirées à grand nombre et épuisées
aussi rapidement, et la garantie qu'offre le nom de
l'homme qui a bien voulu s'occuper de remplir cette
tâche, nous dispensent de tout éloge en faveur du livre
que nous publions.

---

*Extrait de quelques-unes des nouvelles RECETTES
ajoutées par l'auteur à la neuvième édition de l'Immense TRÉSOR des sciences et des arts :*

1 Remède rationnel contre les coups, les chutes, la
   peur, ou toute autre impression violente qui peut
   jeter le trouble dans l'économie.
2 Remède infaillible contre la teigne.
3 Poudre contre la toux suffocante et la coqueluche.
4 Poudre pour augmenter et modifier le lait des nour-
   rices.
5 Remède excellent contre les pâles couleurs.
6 Potion contre l'hydropisie.
7 Sirop contre les vers.
8 Moyen curatif des érésipèles.
9 Panification du blé avarié.
10 Fabrication du chocolat.
11 Blanchîment du linge (nouveau moyen).
12 Vernis pour empêcher les vers d'attaquer les livres.
13 Teinture aromatique des Anglais.
14 Elixir de Garus, sans distillation.
15 Liqueur des Indiens ; manière de la fabriquer.

LE MÉDECIN, LE CHIRURGIEN

et le

PHARMACIEN A LA MAISON

OU LE MEUBLE INDISPENSABLE DES FAMILLES,

Contenant :

1° Instruction détaillée sur la récolte des plantes médecinales usuelles que la nature nous fournit en abondance : les meilleurs remèdes et les moins chers ; — 2° Choix de remèdes simples et faciles à mettre en usage, à la portée de tout le monde ; — 3° La chirurgie populaire, ou instruction très-détaillée pour le pensement des maladies externes ; — 4° La pharmacie des ménages, ou manière de composer soi-même toutes sortes de médicament ; — 5° L'herboristerie des familles, indication des plantes médecinales usuelles, et leur emploi pour chaque maladie,

par GONTIER de CHABANNE,

avec la collaboration de plusieurs praticiens célèbres, un BEAU VOLUME in-8° de plus de 500 pages.

Prix : 5 fr., et, franco par la poste, 5 fr. 50 c.

LE MAITRE JARDINIER,

MANUEL COMPLET D'HORTICULTURE

. A l'usage des habitants des villes et des campagnes, contenant la théorie et l'application des connaissances nécessaires à la culture :

1° Du jardin potager; — 2° des arbres fruitiers et des pépinières, de la taille et de la greffe; — du jardin d'agrément, culture spéciale des plantes de collection et d'amateurs; — 4° du jardin des fenètres et des appartements; — 5° le calendrier du jardinier, etc.,

PAR GONTIER DE CHABANNE,

Ex-instituteur, professeur d'horticulture et de botanique.

Deuxième édition revue avec soin; un gros volume in-12 d'environ 400 pages, contenant la matière de plus de trois in-8° ordinaires.

Prix : 3 francs, et, par la poste, 3 fr. 40 cent.

Cet ouvrage, le plus complet en cette matière, est utile, non-seulement aux professeurs d'horticulture, mais à tous les propriétaires et amateurs de jardins et de fleurs et à toutes les personnes qui s'occupent d'agriculture, d'horticulture et d'arboriculture.

NOUVEAU MANUEL

DES

ECOLES et des FAMILLES CHRÉTIENNES

OU COURS COMPLET ET GRADUÉ

de Lecture courante,

Divisé en quatre parties, formant 4 volumes in-12,

Rédigé suivant le dernier programme de M. le Ministre de l'instruction publique,

PAR M. H. FEUILLERET,

Professeur d'histoire au Collége de Saintes.

La première partie de cet ouvrage est composée en gros caractère, dit gros-romain ; la deuxième, en caractère moyen, dit Saint-Augustin ; la troisième, en caractère plus fin, dit petit-romain ; la quatrième, de différentes sortes d'écritures graduées pour exercer à la lecture des manuscrits.

Prix des 4 volumes : 2 fr. 40 c., et *franco*, par la poste, 3 fr'

PETIT TRÉSOR

DES

ÉCOLES PRIMAIRES

Ou Choix de Lectures graduées

POUR LE JEUNE AGE,

Par Mme SANTOIRE,

Autour de plusieurs ouvrages de piété et d'éducation.

Un fort volume in-18.

Prix : 50 centimes ; par la poste, 60 centimes.

LEÇONS
DE
Géographie élémentaire,
destinées
AUX ENFANS DU PREMIER AGE
Et aux Personnes qui n'ont que peu de temps à consa-
crer à cette étude,
Par Mme SANTOIRE.
Un volume in-18. — Prix : 30 centimes, *franco* 40 centimes.

HISTOIRE DÉTAILLÉE
DE
L'ASSASSINAT DE M. FUALDÈS,
ANCIEN MAGISTRAT DE RHODEZ,
Suivie des Discours remarquables de M. FUALDÈS fils et
de Mme MANZON ,
ORNÉE DES PORTRAITS TRÈS RESSEMBLANTS
DES PRINCIPAUX ACTEURS DE CE DRAME CÉLÈBRE.
1 VOLUME IN-18.
Prix : 50 centimes , et, par la poste, 60 centimes.

LA MÉDECINE MORALE.
DE
L'INFLUENCE des CHAGRINS sur L'HOMME,
HYGIÈNE DE L'AFFLIGÉ ,
Par M. BIDARD, Docteur en Médecine à Arras,
Membre de la Société de Médecine pratique de Paris, de la Société im-
périale de Médecine de Bordeaux , de l'Académie royale de Médecine

et de Chirurgie de Madrid, de la Société des Sciences médicales et naturelles de Bruxelles, de la Société des Sciences et Arts de Lille, de celle de Boulogne-sur-Mer, etc., etc.

Un volume grand in-18, format Charpentier. — Prix : 1 fr. 50 c., et, par la poste, 2 fr.

LE VIN SANS RAISIN,

ou

Manière de fabriquer soi-même toutes sortes de Boissons économiques,

A L'USAGE DES MÉNAGES,

DEPUIS 3 CENTIMES LE LITRE.

2me *édition, augmentée de 27 Recettes nouvelles et inédites.*

Un joli volume in-18. — Prix : 1 fr., et, par la poste, 1 fr. 20 c.

Deuxième année 1859.

AGRANDISSEMENT DU FORMAT SANS AUG-MENTATION DE PRIX.

PRIMES GRATUITES

Offertes à MM. les Abonnés des deux premières années.

L'ABEILLE LABORIEUSE,
Journal de Sciences pratiques,

A LA PORTÉE DE TOUT LE MONDE,

Donnant en résumé toutes les notions utiles quant à

1° L'Agriculture ; 2° l'Horticulture ; 3° l'Économie

domestique ; 4° les Découvertes et Inventions utiles ;
5° les Recettes et Procédés nouveaux ; 6° la Médecine et
la Chirurgie usuelles ; 7° la Pharmacie des ménages ;
8° la Médecine vétérinaire ; 9° la Législation usuelle ;
10° la Revue agricole et commerciale ; 11° l'Apiculture
et la Sériciculture ; 12° les Faits divers , etc.

L'ABEILLE LABORIEUSE paraît le 5 et le 20 de chaque mois, par cahier de 24 pages , et formera à la fin
de l'année un VOLUME de plus de 500 pages , avec une
table détaillée et une belle couverture imprimée, pour
mettre le journal en volume.

Prix de l'Abonnement d'un an : **2 fr. 60 c.**

Adresser sa demande d'abonnement avec le montant,
soit en un mandat sur la poste, soit en timbres-poste, à
M. FONTANIER, ÉDITEUR A SAINTES (Charente-Inférieure).

La première année de l'ABEILLE forme 4 volumes
in-18 de 772 pages. Les personnes qui souscriront tout
de suite aux deux années , pour la somme de 5 francs
20 centimes, recevront sans délai les 4 VOLUMES de la
première année , plus un VOLUME à titre de PRIME
GRATUITE, à choisir parmi les ouvrages dont le titre suit :

1° *Guide des Jurés* pendant la session de la Cour d'as-
sises, un volume in-18.

Aujourd'hui que tout homme sachant lire et écrire
est susceptible d'être appelé à ces importantes fonctions,
cet ouvrage est d'une grande utilité ;

2° *L'Histoire détaillée de l'Assassinat de M. Fualdès,*
ancien Magistrat de Rhodez, suivie des Discours remarquables de M. Fualdès fils et de Mme Manson, ornée de
six portraits très ressemblants des principaux acteurs
de ce drame célèbre, 1 vol. in-18.

3° La *Médecine dévoilée,* ou examen critique de la
Science médicale et démonstration de la nécessité de
recourir aux enseignements de la nature qui ont servi
de base aux sages doctrines d'Hippocrate, par M. CHE-
VALIER, pharmacien-chimiste, auteur de l'*Immense
Trésor,* 1 vol. in-8°.

Rien ne fait mieux voir de quelle utilité est l'*Abeille* que l'extrait de la table des matières qu'elle a déjà traitées :

TABLE DU PREMIER VOLUME.

AGRICULTURE. — Influence des cultures fourragères et industrielles sur la production des céréales. — Procédé pour la destruction des limaces dans les champs nouvellement ensemencés. — Comparaison de quelques assolements. — Moyen de préserver les dégâts causés sur les prairies naturelles par le dégel. — Comparaison de quelques assolements (suite). — Le sorgho de la Chine et la canne à sucre. — Causeries agricoles : de l'agriculture et de la profession d'agriculteur. — Du semis des prairies artificielles. — Du choix des cépages. — Engrais liquides.

HORTICULTURE. — Procédés pour la régénération des plantes, des arbustes et des arbres. — Nouvelle greffe. — Moyen pour arrêter la perte de la sève des arbres verts. — Avantages des arbres francs de pied. — Culture du framboisier. — Maladie des plantes horticoles.

ÉCONOMIE DOMESTIQUE. — Moyen de prévenir les accidents en mangeant des champignons. — Destruction des courtilières. — Destruction des insectes qui dévorent les grains. — Moyen de détruire les punaises. — De la conservation des navets pendant et après l'hiver. — Moyen de préserver de l'incendie les toits en chaume. — Clarification du miel.

RECETTES, INVENTIONS ET DÉCOUVERTES. — Arbres à cire. — Procédé nouveau pour éteindre le feu des cheminées. — Baromètre nouveau. — Constatation de l'âge d'un cheval. — Chandelle perfectionnée. — Moyen de conserver les pommes. — Pratique à suivre pour maintenir l'appétit des porcs à l'engrais. — Moyen de préserver les étoffes de laine des attaques de la teigne. — Moyen économique d'aciérer les socs en fer de charrues.

MÉDECINE ET CHIRURGIE USUELLES. — De la transpiration. — Écrasement ou meurtrissures des mains

PATRONAGES

DE LA

SOCIÉTÉ DE SAINT-VICT

La Société de Saint-Victor est protégée et encouragée par notre Saint-Pè
par S. Ém. Mgr le cardinal de Bonald, archevêque de Lyon, primat des G
Mgr le cardinal Donnet, archevêque de Bordeaux ; par S. Ém. Mgr. le
archevêque de Bourges ; par S. Ém. Mgr. le cardinal Fornari, archevêq
S. Ém. Mgr le cardinal Matthieu, archevêque de Besançon ; par S. Ém
Morlot, archevêque de Tours ; par NN. SS. les archevêques d'Aix, d'Au
Paris, de Rouen, de Sens, de Toulouse ; par NN. SS. les évêques d'Agen,
d'Angoulême, d'Arras, d'Angers, d'Autun, de Beauvais, de Belley, de Châ
de Cleveland (Ohio), de Digne, de Dijon, d'Évreux, de Fréjus, de Gap
La Rochelle, de Langres, de Luçon, du Mans, de Marseille, de Meaux,
tauban, de Montpellier, de Moulins, de Nancy, de Nantes, de Nîmes, d'O
de Quimper, de Rodez, de Saint-Brieuc, de Saint-Claude, de Saint-Flou
Strasbourg, de Troyes, de Valence, etc.

RECOMMANDATIONS RÉCENTES.

ÉVÊCHÉ DE MARSEILLE.

Nous recommandons au clergé et aux fidèles éclairés de notre diocèse les publication
de Saint-Victor.
Cette Société, fondée depuis plusieurs années par M. Collin de Plancy, mérite, p
marche et les publications éminemment catholiques qu'elle a déjà faites, de fixer l'att
scrions heureux que notre ville épiscopale vînt prêter son puissant concours à une œu

† C.-J.-Eugène, Évêque de

Marseille, le 31 mai 1853.

ARCHEVÊCHÉ D'AIX.

La Société de Saint-Victor a pour but d'opposer une digue efficace à la mauva
années consécutives, elle remplit admirablement ce but par la publication d'ouvr
que catholiques, et capables de produire dans toutes les classes de la société l'effet
Nous serions satisfait de voir les livres de cette Société se répandre dans notre
sitons pas à en recommander la propagation au bienveillant intérêt du clergé et des

† P.-M.-Joseph, Archevê

Aix, le 13 juillet 1853.

ÉVÊCHÉ DE MONTAUBAN.

Je m'associe de grand cœur aux sentiments de Mgr l'évêque de Marseille ; je
veillance de mes diocésains et à leur intérêt la Société de Saint-Victor, tant pour
qu'elle imprime, que pour l'aider par tous autres moyens.

† J.-Marie, Évêque de M

Montauban, le 17 septembre 1853.

ARCHEVÊCHÉ DE BORDEAUX.

Nous ne pouvons qu'accorder toute notre sympathie à la Société de Saint-Victor. F
elle n'a édité, depuis plus de six ans qu'elle existe, que des ouvrages propres
instruire. Ses publications, en alimentant nos bibliothèques paroissiales, étendront
efforçons d'opposer au torrent des mauvaises lectures.

EN VENTE,

Chez M. FONTANIER, éditeur :

Registre dit Brouillard . . . . 40 °
Idem Journal 50
Idem Grand-Livre, folioté doit et avoir 60

Ces trois registres rayés et foliotés, contenant
chacun 40 feuilles cartonnées, de 20 centimètres
de large sur 9 de long, sont adressés *franco* par la
poste aux acquéreurs de la *Tenue de Livres* contre
neuf timbres-poste de 20 centimes ou un mandat
sur la poste de 1 fr. 80.

Avec notre *Tenue de-Livres* et les trois Registres
sus-énoncés, dans l'espace de quinze jours on con-
naîtra parfaitement la tenue des livres.